社会调查研究方法研究

奚海燕 梅梅 王小亮 著

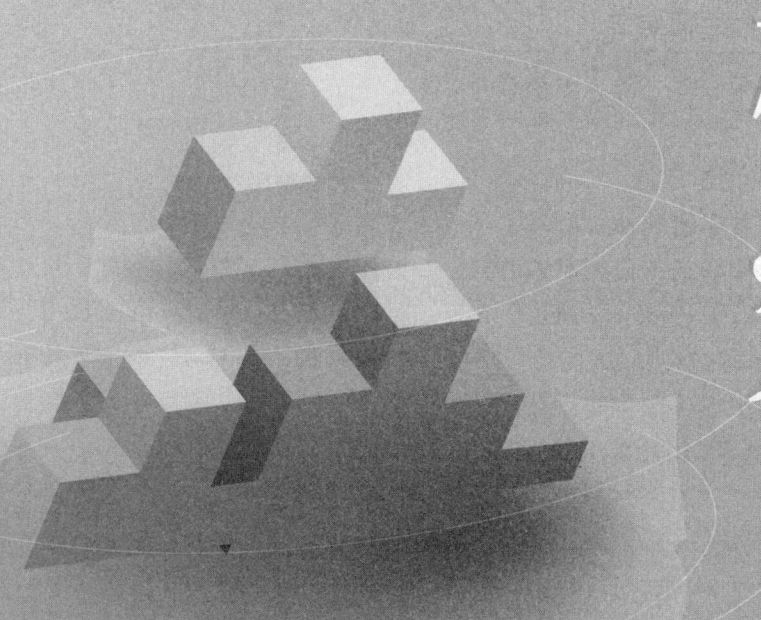

延吉·延边大学出版社

图书在版编目（CIP）数据

社会调查研究方法研究 / 奚海燕，梅梅，王小亮著. 延吉：延边大学出版社，2024.9. -- ISBN 978-7-230-07279-3

Ⅰ．C915

中国国家版本馆 CIP 数据核字第 20244YG722 号

社会调查研究方法研究

著　　者：	奚海燕　梅　梅　王小亮
责任编辑：	马少丹
封面设计：	文合文化
出版发行：	延边大学出版社

地　　址：	吉林省延吉市公园路977号	邮　编：	133002
网　　址：	http://www.ydcbs.com	E-mail：	ydcbs@ydcbs.com
电　　话：	0433-2732435	传　真：	0433-2732434

印　　刷：	长春市华远印务有限公司
开　　本：	787毫米×1092毫米　1/16
印　　张：	11.75
字　　数：	200千字
版　　次：	2024年9月第1版
印　　次：	2025年1月第1次印刷
书　　号：	ISBN 978-7-230-07279-3

定　　价：65.00元

前　言

在快速变迁的现代社会，理解社会现象、把握社会脉搏、预测社会趋势，已经成为人们共同面临的重大课题。社会调查研究，作为社会科学研究的基本方法之一，扮演着至关重要的角色。其不仅能够为人们提供客观、准确的社会数据，还是深入剖析社会问题、制定合理社会政策的重要依据。

《社会调查研究方法研究》一书，正是基于这样的背景和需求而编写的。本书旨在为读者提供一个全面、系统、实用的社会调查研究方法指南，帮助读者掌握社会调查的基本原理、设计思路、操作步骤和数据分析技能。无论是社会科学领域的研究人员、教育工作者，还是对社会现象感兴趣的普通读者，都能从本书中获益。

在编写过程中，笔者注重理论与实践相结合，既深入阐述了社会调查研究的基本理论框架，又详细介绍了各种常用的调查方法和数据分析技术。同时，还结合了大量的实际案例，力求使内容更加生动、具体，便于读者理解和应用。

本书的内容涵盖了社会调查研究的各个方面，从研究问题的确定、研究设计的制定，到调查问卷的编制、调查样本的选择，再到数据的处理等，都进行了详尽的阐述。笔者希望通过这样的安排，使读者能够系统地掌握社会调查研究的全过程，进而提高自身的研究能力和水平。

当然，社会调查研究是一个复杂而多变的领域，新的方法和技术不断涌现，旧的方法和技术也在不断更新和完善。因此，笔者在编写本书时，选取了具有普遍性和稳定性的内容，同时也对一些新兴的方法和技术进行了简要的介绍和展望，并鼓励读者在学习的过程中，不断关注社会调查研究领域的最新动态，勇于尝试新的方法和技术，以推动社会调查研究事业的不断发展。

在编写过程中，笔者参阅了大量的相关专著及论文，在此对相关文献的作者表示感谢。由于笔者编写水平有限，书中难免存在不妥之处，敬请各位专家、读者批评指正。

目　录

第一章　社会调查概述 ··· 1

　　第一节　社会调查的含义 ··· 1
　　第二节　社会调查的作用 ··· 5
　　第三节　社会调查的一般程序 ·· 8

第二章　抽样设计 ·· 11

　　第一节　抽样概述 ·· 11
　　第二节　总体与抽样框 ·· 17
　　第三节　概率抽样 ·· 21

第三章　题目设计方法 ·· 34

　　第一节　题目的类型 ·· 34
　　第二节　事实和行为题目的设计 ·· 40
　　第三节　主观状态题目 ·· 55
　　第四节　指数与量表 ·· 65

第四章　问卷设计与评估 ·· 74

　　第一节　编写题目 ·· 74
　　第二节　评估题目 ·· 83

第三节　问卷的编排与格式化 ································· 95

　　第四节　问卷当中的常见错误 ································· 101

第五章　资料搜集方法的选择 ································· 107

　　第一节　自填问卷 ··· 107

　　第二节　当面访问 ··· 113

　　第三节　电话访问 ··· 117

　　第四节　网络调查 ··· 120

　　第五节　方法选择的考虑因素 ································· 128

第六章　标准化访问 ··· 135

　　第一节　标准化访问概述 ··································· 135

　　第二节　标准化访问的原则 ································· 139

　　第三节　访问员的挑选 ····································· 153

第七章　数据处理 ··· 157

　　第一节　资料检查与校订 ··································· 157

　　第二节　资料编码 ··· 161

　　第三节　数据录入与整理 ··································· 171

参考文献 ··· 180

第一章　社会调查概述

第一节　社会调查的含义

社会调查是社会工作者和企业在处理社会和市场上遇到的问题的一种方法。社会和市场是社会调查处理的对象。

一、社会和市场的含义

（一）社会

广义的社会是指人类社会，是在特定环境下形成的个体间的存在关系的总和。其包含生产、消费、教育、思想、政治等人类活动的各个方面。狭义的社会是从社会学的角度来理解的，是由有一定联系和相互依存的人们组成的超乎个人的、有机的整体，是人们的社会生活体系。马克思主义的观点认为，社会是人们通过交往形成的社会关系的总和，是人类生活的共同体。

（二）市场

市场是人类进行商品交换的场所，因此市场是人类社会活动的一部分。从广义的角度来看，市场是指商品交换的场所，即买卖双方发生交易行为的地点或场所。市场对于不同的群体来说其内涵也不相同，对于消费者来说，市场是购买商品的场所；对于企业来说，市场就是顾客。从市场的实质来看，市场是一种交换行为。这种交换必须符合以下几个条件：要有买卖双方；双方是等价交换；有特定的交易场所等。

二、社会和市场的构成

（一）社会的构成

（1）个人。社会是由个人构成的，个人是社会调查研究的主要分析对象，通过对个人进行描述，并将这些描述进行聚合和处理，能够描述和解释由个人所组成的各种群体，以及由个人的行为和态度所构成的丰富多彩的社会生活现象。

（2）群体。群体是指由若干个人组成的各种社会群体，或者是由具有某方面共同特征的人组成的社会集合，还可以是社会调查中的分析单位。例如，按职业归类的工人、农民、大学生等群体，按出生年代归类的青少年、中年人、老年人等群体，都可以是社会调查的研究对象。

（3）组织。组织是指各种正式的社会组织，如工厂、公司、机关、学校、商店、医院等。各种社会组织的活动往往会对社会产生较大影响。

（4）社区。社区作为一定地域内人们的生活共同体，是社会学的重要研究对象。社区包括乡村、街道、集镇等。社区常见的特征有社区人口规模、社区异质性程度、社区习俗特点、社区空间范围等。

（二）市场的构成

市场交易行为的参与者有卖方、买方、中间人、管理者等。根据商品交易的目的可将市场分为消费者市场和产业市场。

1.消费者市场

消费者市场也称生活资料市场。消费者市场是由为满足个人生活需要而购买商品的所有个人和家庭组成的，其是社会再生产过程中消费环节的具体表现，是经济活动的最终市场。企业为消费者服务的过程，也就是企业最终实现商品价值和使用价值的过程。对消费者市场的调查与预测是市场分析最基础也是最主要的内容。企业利用市场调查与预测研究消费者市场时，主要以消费者的购买行为所决定的需求量、需求结构的发展变化为核心内容。由于消费者的需求量与需求结构的发展变化受多种因素的影响，所以市场调查与预测还必须对各种影响因素进行分析。消费者市场具有一些与产业市场不同的特点，主要表现在以下几个方面：

（1）消费者市场范围广、规模大。例如，我国的消费者遍布在960多万平方公里的土地上，人数超过14亿人，家庭数量超过4亿个。这表明了我国消费者市场具有巨大潜力，其对于生产消费品的企业来说，是一个巨大的潜在市场。

（2）消费者市场需求差异性大。消费者市场的消费者需求由于受年龄、性别、职业、收入水平、文化程度、生活地域、民族等方面的不同影响，会产生各种各样的需求。这种差异性不仅表现为不同的消费者各自需要不同种类的商品或服务，而且表现为同一消费者对同一类商品或服务在不同时间也可能有不同的需求。

（3）消费者购买行为具有较明显的可引导性。消费者的购买决策一般是由自发的、分散的个人或家庭成员作出的，市场上的商品花色、品种繁多，质量、性能不同，消费者购买商品时往往需要卖方的宣传、介绍和帮助。市场上的许多商品具有较强的替代性，如果某个企业的产品或服务不能满足消费者的需求，消费者的购买行为就会转向这个企业的竞争者。

（4）消费者市场的购买频繁性。消费者是为了满足个人和家庭需要而购买消费品的，由于某些商品不易保管和储存，消费者单次购买数量不大，一般属于小型购买；但为了保持生活需要的连续性，就需要频繁、重复购买，这一特点在生活必需品上表现得最为明显。

综上所述，企业在进行市场调查与预测时，应充分考虑消费者市场的这些特点。

2.产业市场

产业市场也叫生产资料市场，其是在产业用品（非最终消费品）的买卖双方作用下产生的，是产业用品买卖双方需求的总和。产业市场的买方是产业用户，是组织团体而不是个人消费者。与消费者市场相比，产业市场具有以下明显的特点：

（1）产业市场的购买次数少，但批量大。产业市场中的购买者是为了生产消费品而购买产品的，在单次购买数量上远远超过生活资料消费者的购买数量。

（2）需求的派生性。生产者对生产资料的需求，归根到底是由消费者对消费品的需求引申出来的，也就是说，生产者购买生产资料的最终目的是给消费者市场提供产品。倘若消费者不需要家具，家具制造企业也就不必购进木材，木材企业也就不必购进原木，林场也就不必砍伐树木了。消费者的需求带动了消费品生产的发展，带来了产业市场的扩大。

（3）产业市场用户的规模和集中程度差异很大。产业市场的购买者的规模有大有小，其购买量也有很大差异，这种差异远远超过不同消费者之间的差异。产业市场的集中度差异也很大，从地域上看，沿海与内地、城市与农村，产业市场集中程度不同。

在市场调查和预测中，企业应充分考虑产业市场的主要特点。

三、社会调查与市场调查的含义

（一）社会调查的含义

社会调查是人们有计划、有目的地运用一定的手段和方法，对有关社会事实进行资料收集整理和分析研究，进而作出描述、解释和提出对策的社会实践活动和认识活动。社会调查以社会组织和个人作为调查对象，运用科学的方法，有组织、有计划地对社会行为和社会活动的各种资料进行系统全面的收集和整理。

（二）市场调查的含义

市场调查有广义和狭义之分，广义的市场调查是以科学的方法收集产品从生产者转移到消费者手中的一切与市场销售有关的资料，并进行研究和分析的过程。狭义的市场调查是以消费者市场为主要研究对象，分析消费者对产品的购买情况，包括对商品的购买、消费动机等购买活动的调查。广义的市场调查将调查范围从消费和流通领域扩展到了生产领域，包括产前调查、产中调查、产后和售后调查。

从实际来看，由于现代市场组织复杂，活动频繁，单一的调查或研究工作已经不足以概括其含义，参照广义的市场调查对市场调查的概念作如下界定：市场调查是运用科学的方法，有组织，有计划地进行系统、全面、准确、及时的收集，整理和分析市场现象的各种资料的活动过程。

第二节 社会调查的作用

总的来说，社会调查的作用就是为社会工作者和企业解决特定的决策问题而收集、加工和提供决策所需要的信息。从大的方面来说，社会调查的作用主要体现在描述状况、解释原因、预测趋势三个方面。

一、描述状况

了解和描述社会现象的状况是人们深入认识这一现象的基础。例如，要深入认识当前我国社会中的离婚现象，就必须首先对目前社会中离婚现象的状况有一个客观、整体的了解，必须弄清离婚现象普遍到什么程度、离婚者有哪些背景特征、离婚现象在总体上具有什么样的特点，等等。通过一项社会调查，人们就可以较为准确地描述离婚现象在各个时期的普遍程度，在城乡之间的差别，离婚者的年龄分布、文化程度分布、职业分布和结婚时间长短的分布等基本情况。这种客观、精确且多方面综合的描述，能为人们进一步从多种因素、多种现象的相互关系中，找出最主要的原因打下良好的基础。

二、解释原因

如果社会调查所具有的这种描述状况的作用可以理解成回答社会现象"是什么"或"怎么样"这类问题，那么社会调查的第二个作用——解释原因，就可以理解成回答社会现象"为什么是这样"的问题。显然，社会调查的这一作用比单纯地描述状况要更深入一些，其使得社会调查能够被广泛地用来探讨不同社会现象之间的关系，探讨某一现象发生的原因和机制。在离婚现象的例子中，人们可以通过社会调查来深入探讨夫妻双方的年龄差与离婚行为间的关系，探讨夫妻双方在收入上的差别、在文化程度方面的差异与离婚行为之间的关系，探讨不同职业的人们的离婚比例及其对离婚的看法等，从而达到在更深入的层次上认识和理解离婚现象的目的。尽管社会调查的这种解释作用（或者说探究社会现象之间关系的作用）还不如实验法那么有力，但是其作为一种在现实生活中远比实验法"行得通、办得到"的社会研究方法，备受各类研究人员的青睐。尤其是随着社会统计分析方法的进一步完善，社会调查在探究现象间关系方面的作用也将越来越强大。

三、预测趋势

除了对过去和现在的社会现象进行解释外，社会调查还可以对未来的社会现象（或者说对社会现象的发展趋势）作出一定的预测。这种预测同样要以对这一现象的准确描述和正确解释为基础。以离婚现象为例，当研究者对离婚现象的现状、特征，以及当事人作出离婚决定的各种原因有了比较清楚明确的认识后，其就能依据社会环境中各种因素或条件发展变化的趋势，对未来社会中的离婚现象作出一定的预测。

目前，市场竞争较为激烈，对于企业来说，拥有一个市场比拥有一个工厂更为重要。如何发现市场、分析市场和确定市场已成为企业关注的关键问题，因此社会调查被称为企业的"雷达"或"眼睛"，其重要作用主要表现在以下几个方面：

1. 为企业提供所必需的市场信息

市场是企业活动的中心，根据市场的状况而制订的营销策略决定了企业的经营方向和目标，其正确与否，直接关系着企业的成功与失败。因此，研究市场，使企业营销的产品和服务能够适应和满足消费者的需要是营销策略中首先要解决的问题。企业要了解市场中的购买者是谁，了解其购买能力和购买欲望，然后根据目标顾客的情况制定相应的产品策略、价格策略、销售渠道策略和促销策略，以满足顾客的现实需要和潜在需要。

2. 帮助企业确定营销中存在的问题以及问题产生的根源

企业的营销业绩指标包括量化指标和非量化指标两种。量化指标是指销售业绩（产品、市场的销售量和销售额）、盈利能力（产品、市场的利润及利润率）、营销费用及费用率、增长潜力（产品、市场的销售增长率）、竞争能力（市场占有率）等。非量化指标，即定性指标，指消费者或用户的满意度、与合作伙伴的关系互动、销售队伍的努力程度与成效，以及渠道成员之间的关系发展等。社会调查通过对企业营销业绩进行测定、分析和预测，提供真实可靠的信息，能够帮助企业及时发现营销活动中存在的问题，并找出问题存在的根源。这一过程，也被称为营销诊断，即通过社会调查发现企业营销活动中存在问题的表现形式，并透过现象看本质，找出问题产生的根源。

3.帮助企业制定、评估和解决营销问题的决策方案

决策实际上就是作出选择的过程，至少要有两套可供选择的可行方案。因此，在实际的选择之前，需要制定达成目标的多个可行方案，还需要根据所要达成的目标和问题的性质，评价每一个可行方案。这就需要了解不同的营销因素（如产品、价格、分销和促销）对企业的营销活动产生怎样的影响，不同的营销组合方式又会产生什么效果。社会调查能够为企业提供这样的信息。

例如，当企业面对的市场接近饱和状态或者出现销售困难时，企业就应开始着眼于更远的、还没有被满足的市场，进行进入新市场或研发新产品策略的选择。这就需要通过社会调查了解顾客当前的需要和满足程度，并了解顾客尚不能明确表述的潜在市场的需要，为企业制定行之有效的市场开发战略提供重要的依据。一般而言，企业按照顾客的需求状况和顾客类型将市场划分为四个象限，如图 1-1 所示。

未知的	潜在的市场	未来的市场
已知的	现有的市场	潜在的市场
既有顾客群	新顾客群	

图 1-1　按顾客类型对市场进行划分

现有的市场竞争较为激烈，企业发展的机会不多，而潜在的市场和未来的市场则存在着巨大的商机。企业的永续发展在于不断地创新，这种创新的重点主要体现在满足顾客需求之上的新产品创新。在激烈竞争的现代市场条件下，不开发新产品的企业难以持续发展。同时，新产品的开发也存在很大的风险，其原因是由多种因素造成的，但其中最重要的因素是产品的构思和设计不适合消费者的实际需要，而避开新产品开发的风险则需要借助市场调查这一基本手段来完成。

当然，社会调查不能帮助企业解决所有的营销问题。企业进行社会调查的先决条件

是市场调查所提供信息的价值的期望值大于获得这些信息的成本；否则，进行市场调查就得不偿失了。

第三节 社会调查的一般程序

一般来说，调查需要分为几个阶段，如图1-2所示。

调查企划阶段 ➡ 调查资料收集阶段 ➡ 调查资料整理、分析阶段

图1-2 社会调查的阶段

1. 社会调查企划阶段

社会调查企划阶段是调查工作的准备和开始。社会调查企划阶段是否周到，对后面的调查工作的开展和调查的质量影响很大。这一阶段的内容主要包括确定调查目标、确定调查项目、选择调查方法、估算调查费用、编写调查建议书等。

调查目标就是调查所要达到的具体目的，包括企业产品问题、经营中出现的困难、市场竞争问题及未来的发展方向等。为了使调查目标明确具体，必须要考虑调查的目的、调查的内容、调查结果的用途及调查结果的阅读者等问题，从而为下一步调查工作的顺利进行奠定基础。在确定调查目标后，就要拟定调查方案和工作计划。调查方案是对某项调查本身的具体设计，主要包括调查的具体对象、调查的地区范围、调查资料收集和整理的方法等内容。

调查工作计划是指对某项调查的组织领导、人员配备和考核、完成时间、工作进度和费用预算等事先进行的安排，目的是使调查工作能够有计划地进行，以保证调查方案的实现。在实际调查中，调查方案和调查工作计划各有不同的作用。一般大型的社会调查需要分别制订调查方案和调查工作计划，小型的社会调查可以统一考虑调查方案和工

作计划。

2. 社会调查资料收集阶段

拟定的调查企划建议书经企业主管审查批准后，就进入社会调查资料收集阶段。这个阶段的主要任务是组织调查人员按照调查方案的要求和工作计划的安排，通过案头调查和实地调查系统地收集各种资料和数据。一般而言，社会调查所要收集的资料主要有直接资料和间接资料。

直接资料是由社会调查者自己采用各种社会调查方式、方法，对市场信息进行收集、整理、分析的结果，即通过实地社会调查取得的市场资料，如典型调查、重点调查、抽样调查等方式，观察法、实验法和访问法等方法。直接收集的市场资料实用性强、可信程度高，但取得直接资料需要较多的费用，有些资料又是企业无法取得的，因此直接资料在反映市场及其影响因素的广度上带有一定的局限性。

间接资料是从别人所组织的各种调查收集和积累起来的材料，摘取和整理的市场或与市场有紧密联系的社会经济现象的有关资料，如常见的报刊、经济年鉴、大众媒体等都是间接资料的重要来源。间接资料的主要特点是节省费用，对有些企业无法组织的调查，可依据其他有关调查机构的调查资料，但间接资料没有直接资料的适用性强，往往需要对资料进行再整理。此外，对于间接资料的可信程度一定要进行考查。

社会调查资料收集阶段是社会调查的主要过程，是社会调查能否取得成功的关键，也是花费财力和人力最多而且容易产生调查差错的阶段。因此，要深入研究各种调查方法、调查方式以及科学地制作调查问卷。

3. 社会调查资料整理、分析阶段

社会调查资料整理、分析阶段是社会调查全过程的最后一环，也是社会调查能否充分发挥作用的关键，其包括资料的整理、资料的分析和市场调查报告的撰写。当取得大量的调查资料之后，首先要对其进行审核订正，分类汇总，根据研究目的进行加工整理，然后进行分析，即运用统计学的有关原理和方法，研究市场现象总体的数量特征和数量关系，揭示市场现象的发展规律和水平，总体结构和比例，发展趋势和速度等。因此，调查人员还需要掌握一定的统计分析技术，通过分析研究，在确实弄清市场活动过程的基础上，研究其动向及发展变化规律，探索解决问题的方法。

社会调查伴随着商品经济高度发展而显得日益重要。企业要想在激烈的市场竞争中获得竞争优势和保持持续性的发展，必须依靠社会调查才能实现。社会调查作为系统地收集市场信息的有效工具，本身也具有独特的含义、内容和特征，在运行过程中必须遵循必要的原则和科学有效的程序，才能更加有效地发挥社会调查的作用。

第二章 抽样设计

第一节 抽样概述

抽样是研究者选择对象的方法，与社会调查研究的其他议题相比，有关抽样的讨论更加严谨和精确。针对抽样逻辑和操作程序的讨论，是通过专门的抽样术语来表述的。因此，为了更好地了解抽样设计的具体内容，这一节将先对抽样的概念、非概率抽样方法和概率抽样设计要点等内容做简要的介绍。

一、抽样的概念

在社会调查研究中，研究者经常从一个规模很大的研究对象集合中，选出一部分作为研究对象，这个选取过程就是抽样。如果用专业术语来严格定义，则抽样是指根据某种既定规则从一个总体中选取一组元素的过程，由此产生的元素集合称为样本。也就是说，在抽样的专业化表述中，每一个具体的研究对象被称为元素，全体研究对象被称为总体，样本则代表一部分研究对象——可以是个人、家庭、学校、医院、地块、交易事件，也可以是文章、杂志，甚至是歌曲。

之所以要抽样，主要是考虑调查项目的可行性。一方面，在社会调查中，经费是一项硬约束，多增加一个调查对象，就意味着多花一份钱。因此，如果总体太大，限于资源，无法逐一对总体中的每个元素进行调查。而借助抽样就能克服这个困难。因为，根据抽样理论，无论社会调查涉及的总体规模有多大，只要抽样是按随机原则实施的，则被抽出的少数元素的情况，就能够比较准确地代表总体的情况。另一方面，即使有充足的调查经费，当总体太大时，也很难找到足够多训练有素的研究人员来完成调查。这时如果聘用训练不足的工作人员，或对调查主题进行过于简单的调查，势必降低调查质量。而抽样由于只涉及较少的元素，因此可以集中使用资源，进而提高调查的质量。

抽样方法大体可分为两种：一种是非概率抽样，主要依据研究者的主观意愿、判断或是否方便等因素来选取对象；另一种是概率抽样，主要按照随机原则来选取对象，完全不带研究者的主观因素。两种方法最大的差别是：非概率抽样无法估算抽样误差，概率抽样则能够比较精确地估算抽样误差。在非概率抽样中，研究者无法知道抽出的样本是否具有代表性，因为非概率抽样的代表性，只有将抽出的少数对象的情况与总体的情况进行比较后才能得知，但总体的情况又是不知道的。相反，在概率抽样中，研究者根据抽样误差，便能够判断样本的代表性，进而根据被抽出的少数对象的情况，对全体对象的情况进行推论。

不过，在应用概率抽样方法时，有两点是需要特别注意的。第一，要注意被抽出的少数对象与全体对象不是一回事，因此无论抽样设计多么精致，抽样误差都是无法避免的，通过抽样得到的少数对象的情况很可能并不一定完全符合全体对象的情况。也就是说，根据抽样结果来推断全体对象的情况，可能是对的，也可能是错的。问题在于推论中的对或错的可能性有多大：如果出错的机会很小，便可以接受推论；如果出错的机会太大，就无法接受推论。第二，在有些情况下，可能无法使用概率抽样方法，如对于身体疾病无法做出判断的特殊人群，是不可能得到抽取概率样本所需的人员清单的。这时唯一可行的是使用非概率抽样方法。下面将简略介绍非概率抽样方法。

二、非概率抽样方法

如上所述，在现实中有时无法界定总体，因此无法进行概率抽样。在这种情况下，经常会采用非概率抽样，即放弃随机原则，依据研究者的主观意愿、判断或是否方便等因素来抽取样本。非概率抽样的成本比较低，操作也比较方便，但无法预先估计抽样误差，因此很难对总体情况作出可靠的推断。下面将介绍方便抽样、配额抽样、判断抽样和雪球抽样等几种常见的非概率抽样方法。

（一）方便抽样

方便抽样又称偶遇抽样，是指研究者使用对自己最为便利的方法来选取样本。这种方法很容易产生系统误差，样本代表性很差。因此，在使用时要特别小心。总体的情况越复杂，方便抽样的效果就越差。

电视台、电台和报纸记者的"街头拦人"调查，采用的就是方便抽样。从表面上看，"街头拦人"这种碰到谁就选谁的抽样方法，貌似简单随机抽样，有些人、有些媒体也认为这就是随机抽样了，其实这种想法并不正确。因为，虽然方便抽样旨在排除主观因素的影响，纯粹依靠客观机遇来抽取对象，但其并没有通过随机过程，使总体中的每一个元素有相等的被抽中概率。那些最先被碰到的、最容易见到的、最方便找到的对象，具有比其他对象大得多的机会被抽中。与"正常"的研究对象相比，那些衣着褴褛、年龄过大、不善言辞的研究对象，很少有机会进入"镜头"。

另一个方便抽样的例子是报社要求读者剪下报纸刊登的问卷，填答后邮寄给报社。这里系统偏差是显然的，因为并不是每一个人都看报纸，也不是每一个人都对问卷调查的主题感兴趣，还有人不愿意花时间把问卷剪下来，填答后邮寄给报社。当然，报社可能有奖励，填答后邮寄问卷的人的数目也可能很多，但这种方便抽样可能仅具有娱乐价值，其可能得到的是扭曲的观点，无法对读者总体作出正确推论。

（二）配额抽样

配额抽样首先要根据某些参数值，确定不同总体类别中的样本配额比例，然后按比例在各类别中进行方便抽样。例如，研究者想要用配额抽样方法，抽取一个40人规模的样本。其首先决定把性别和年龄作为决定样本配额的参数值，通过查阅相关资料，了解到总体中男性人数和女性人数各占50%，30岁以下人数、30~60岁人数和60岁以上人数占总体人数的比例分别为25%、50%和25%。在实际操作中，研究者可以依据参数值，建立相应的样本配额矩阵或表格（见表2-1），然后，按矩阵中的配额进行方便抽样。

表 2-1　40 人样本按性别和年龄的配额矩阵

		性别 男	性别 女	合计
年龄	30 岁以下	5	5	10
年龄	30~60 岁	10	10	20
年龄	60 岁以上	5	5	10
	合计	**20**	**20**	**40**

配额抽样的逻辑是通过样本配额，使样本结构尽可能与总体结构保持一致，对总体进行"克隆"。不难想象，配额矩阵所依据的总体参数值越多，则样本元素的分类就越细，样本与总体的结构就越接近。但随着参数值的增加，配额矩阵的分布也会越来越复杂，抽取符合条件的对象也就越来越困难。配额抽样中经常采用的参数值包括性别、年龄、受教育程度、婚姻状况、收入和职业类别等。

配额抽样有两点先天不足。第一，为了不偏离总体，配额矩阵中的数字必须十分准确，要做到这一点，就必须掌握总体的最新资料，但这并不容易做到。对此，抽样史上有个很好的例证：乔治·盖洛普采用配额抽样，在 1936 年、1940 年和 1944 年，成功地预测了美国总统选举的结果，但在 1948 年，他没能正确地预测哈里·S·杜鲁门当选总统。造成其预测失败的一个主要原因，就是样本配额没能正确地代表所有地理区域和所有实际去投票的选民。

第二，尽管配额抽样是在方便抽样基础上的一种改进，但其最后的抽样仍由访问员根据方便原则执行，访问员在从某些特定的矩阵格子中选择样本时，有很大的随意性。例如，访问员很可能会访问最先碰到的 5 位 30 岁以下的男性，即使这 5 人恰好刚从同一间公司走出来，这大大降低了样本的代表性。正是访问员最后采用了方便抽样方式，使配额抽样与分层抽样具有了本质的区别，后者依据随机原则抽样，排除了主观因素，被抽中的研究对象即使是身居高楼或家养恶犬的人，访问员也不能为图方便而不去拜访。

（三）判断抽样

判断抽样又称立意抽样，是指研究者根据研究目的或专家判断来选取样本。在判断抽样中，样本能否满足研究目的的要求，能否正确反映总体情况，在很大程度上依赖于研究者的主观判断，因此判断抽样对研究者个人的研究素质有较高的要求。

判断抽样经常被用于三种研究场景：研究者用判断抽样来选择特别能提供信息的独特个案；研究者用判断抽样来选取难以接近的特殊人群；研究者用判断抽样来选取某种特殊的个案类型。

（四）雪球抽样

雪球抽样也称网络抽样，是一种根据已有研究对象的介绍，不断辨识和找出其他研究对象的累积抽样方法。其名称源于滚雪球的类比：雪球开始时可能很小，但当其在潮湿的雪地上滚动时，就会不断粘上新的雪片，越变越大。与此类似，雪球抽样开始时，样本可能只有一个或几个人，但在随后的时间里，这几个人会凭借自己的社会关系，介绍新人加入，同时新人也有自身的社会关系，于是随着关系网络的不断扩大，样本也越滚越大。可见，雪球抽样是一种多阶段技术。

雪球抽样特别适合用来对成员难以找到的总体进行抽样，如城市中的灵活务工人员等。另外，也可以用雪球抽样对具有一定网络联系的总体进行抽样。例如，可以用这种方法抽取一个高收入人群的样本，开始时，可以先设法找到几个高收入者，然后根据其社会关系扩大样本规模。

雪球抽样理想的结果是"雪球"的规模大于所需样本的规模，这时可在某个时间点终止"雪球"的滚动。当然，也不排除"雪球"达到一定规模后，样本就无法再扩大了。这种情况通常是由于在"雪球"滚动的过程中，抽取的样本都属于同一个圈子或关系网络，如果圈子里的人统统被介绍完了，"雪球"也就滚不下去了。这时需要找到圈子以外的人，以其为核心继续滚动"雪球"，直至"雪球"达到要求的样本规模为止。

三、概率抽样设计要点

抽样的目的是用较少的费用得到较高的估计精度。而概率抽样设计则是根据这一目的的要求，预先制定抽样工作具体的内容和步骤。具体说来，概率抽样设计包含以下内容：编制抽样框、选择抽样方法、估计抽样误差、确定样本规模。

（一）编制抽样框

研究者要进行概率抽样，必须先找到一份近似涵盖所有总体元素的清单，然后从中抽取部分元素。这份元素清单被称为抽样框。抽样框可以看作总体的操作定义。不同的调查形式，会形成不同的抽样框。例如，要调查某大学本科毕业生的就业情况，抽样框就是该大学全体毕业生的花名册。但对于随机数码拨号的方法来说，抽样框并不是直接显现的，而是隐含于安装了电话的住户之中。另外，对于整群抽样，不需要编制整个总体元素的清单，只需要编制完整的群的清单即可。而对于多级抽样，只在最后一级才需要编制总体元素的清单，此前各级则只需要编制相应的各级抽样单位（群）的清单即可。最后，应最大限度保证抽样框的完整性，一旦抽样框中缺失了总体元素，便会产生非抽样误差，进而直接影响总体推论的精度。

（二）选择抽样方法

概率抽样是按照随机原则从总体中抽取部分元素构成样本来推断总体数量特征的方法。所谓随机原则，是指抽样时总体的每个元素都有一个已知的、非零的被抽取、选择的概率。给每个总体元素以相等的抽取概率的抽样设计被称作等概率抽样，如果总体中至少有一个元素的抽取概率与其他元素的抽取概率不相等，就是不等概率抽样。对于不等概率样本，通常需要利用加权技术对其数据进行修正。常见的概率抽样方法包括：简单随机抽样、系统抽样、分层抽样、整群抽样和多阶段抽样等。在调查中究竟选择何种抽样方法，则与抽样框的获得、目标总体的相关信息及地理分布、抽样效率和实地调查的执行方式等因素有关。在实际抽样设计中，经常是综合采用几种抽样方法。

（三）估计抽样误差

在通常情况下，由参数值描述的总体情况或特征是未知的，而抽样调查的一个主要目的就是通过由抽样获得的统计值来估计未知的总体参数值。统计值与参数值之间的差异被称为抽样误差，其是由抽样变异性——由随机选择过程引起的样本统计值围绕总体参数值波动——所致。其大小主要取决于总体的异质性程度和样本规模，总体异质性高或样本规模小，都可能导致较大的抽样变异性。在抽样设计中，考虑到抽样变异性的存在，必须事先确定可容忍的抽样误差和估计效应的大小。可容忍误差取决于某一置信度下预期统计值置信区间的大小，而置信度则代表了置信区间包含参数值的概率。估计效应的大小是指自变量可能给因变量造成的变化。只有明确了估计效应的大小，才能判断因变量的变化究竟是由自变量的影响所致，还是仅仅是抽样变异性作用的结果。

（四）确定样本规模

由于样本规模的大小直接影响着抽样变异性，因此抽样设计需要事先估计有效样本规模。抽样方法不同，所需的有效样本规模也不同。用于有效样本规模计算的方法有两种：一种与可容忍误差有关，主要用于描述性研究。对于分析性研究而言，则可以使用另一种方法——效力检验，来计算有效样本规模。其主要与估计效应有关，即确定某一特定的样本规模，能否使所关注的因变量的变化对自变量的影响具有足够的敏感性。这里，增加样本规模能够减少标准误差，进而提高拒绝零假设的可能性。另外，有效样本规模还会受到抽样方案变动和子群体数量较小等因素的影响。所以，在抽样设计中，样本规模的确定通常是一个迭代过程，设计之初未考虑的后续影响因素，往往会改变前面作出的决定。

第二节 总体与抽样框

如前所述，抽样设计始于编制抽样框。抽样框的质量取决于其与总体之间的拟合程度，较高的拟合度将会减少非抽样误差，进而降低抽样设计的总误差。另外，类似随机拨号抽样的特定抽样方法会形成某种特定的抽样框。

一、定义总体

编制抽样框工作的第一步是定义总体，只有对总体构成及边界有一个清晰的认识，才能最大限度地使抽样框与总体保持一致。具体说来，总体还可以进一步被划分为目标总体和抽样总体。其中，目标总体是理论上具有研究者所考察特征的全体总体元素的集合体。例如，在某市进行的一项有关大学生择业倾向的调查研究中，"大学生"这个概念所代表的总体，就是所有在该市就读的大学生的集合体。在实际抽样中，有些总体元素并不一定能有机会被抽取。如在上例中，有的学生可能由于休学、去外地实习等原因而无法被抽取。因此，由那些有机会被抽取的总体元素构成的集合体，就是抽样总体或调查总体，其是排除了研究总体中的一些特例后的总体。

在定义总体时，首先要明确分析单位，即要搞清楚调查研究所关注的是个人、家庭户、集体户，还是其他类型的居住单位。通常"个人"一词是无须定义的，但家庭户和集体户是需要给出定义的。根据 1999 年版《辞海》的定义，在我国当前的户口管理中，通常把以家庭立户的，即以"具有血缘、婚姻或收养关系"立户的称为家庭户。2008 年中国综合社会调查（Chinese General Social Survey，以下简称"CGSS"）还对临时与家庭成员居住在一起的亲戚、保姆等人做了补充说明："除了上面谈到的人，目前还有哪些人居住在这所房子里（如亲戚、保姆等）？指的是在这里居住了一周或将要居住一周以上的人。如果有，请您也谈谈他们的情况。"CGSS 给集体户下的定义为：无家庭关系的多人共居（如企业员工合租的宿舍）。研究者采用何种分析单位，主要取决于他的研究问题。例如，有关家庭去年总收入或耐用消费品的调查，最好以家庭户为单位。与农民工有关的调查，就不能将集体户排除在外。而针对食品安全的态度调查，则以个人为单位比较合适。因为即使在同一家庭中，不同的成员也会因为年龄和性别的不同而产生态度差异。总之，在抽样的设计阶段必须明确符合研究目的的调查对象的居住方式。

总体边界是定义总体时另一项需要完成的工作。定义总体首先要对总体涉及的地理或行政边界加以说明。总体的地理区域可能是全国、省份、城市或区县等。其次，还需要对调查对象进行必要的说明，包括合格的调查对象的年龄、居住类型等。例如，CGSS 规定"调查对象为在现地址居住的年满 18 周岁及以上的人口"。具体确定哪个年龄段的人为调查对象取决于研究目的。有时只有某一年龄段的人才符合研究目的，如在妇女生育率研究中，通常只有那些仍处于生育年龄的妇女才能成为调查对象。另外，CGSS 还规定了"在全国 28 个省市抽取家庭户，然后在每个被选中的居民户中按一定规则随机选取 1 人作为被访者"。也就是说，CGSS 排除了那些居住在学校宿舍、医院、监狱等的人。

二、编制抽样框

对于抽样而言，真正有操作意义的是确定抽样框。没有抽样框，实际抽样就无法进行。一类抽样框是把抽样总体中所有能找到的调查对象名单排列起来，构成名单抽样框。除了名单抽样框外，还有由区域或面积构成的另一类抽样框——区域抽样框。区域抽样框由定义明确的区域组成，除少数由纯区域（如农田地块）构成的区域抽样框外，在大多数情况下，区域是由个体单位组成的。纯区域的抽样单位就是区域本身，而其他区域的抽样单位则是区域内的个体单位。这时可以有两种抽样方法：一种是抽出区域后对其中的所有单位进行调查，即整群抽样；另一种是抽出区域后对区域内的单位再抽样，即多阶段抽样。多阶段抽样经常用于抽样总体较大，编制全体抽样单位的名单很困难的情况。

抽样框在多大程度上覆盖了总体是统计中关注的中心问题。在上文中我们提到，目标总体和抽样总体之间是可能存在差异的，这就产生了抽样框与目标总体匹配的三种情况：被覆盖的合格单位、未被覆盖的合格单位，以及被覆盖的不合格单位（见图2-1）。

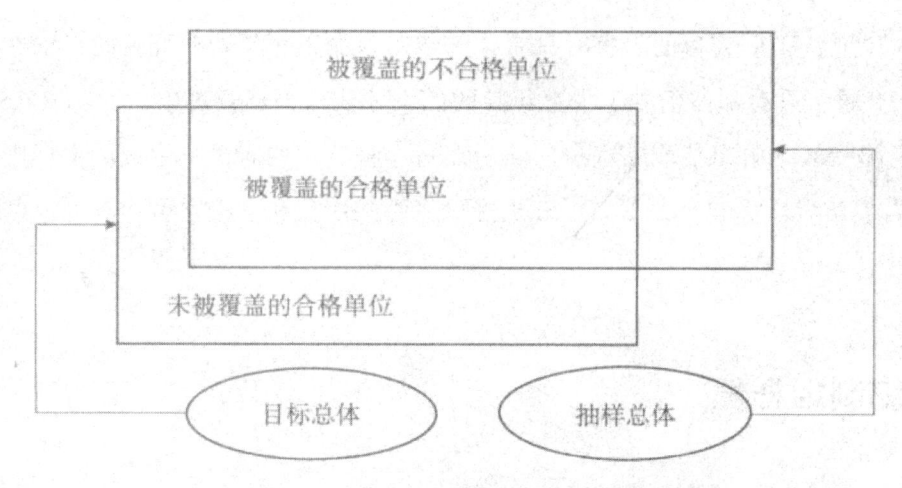

图 2-1　目标总体被抽样框覆盖的程度

如果目标总体的元素都在抽样框中，这就意味着目标总体被覆盖了。当然也有目标总体没有或者不可能被抽样框覆盖的情况，这就是覆盖不足，即总体中的合格成员没有出现在任何用于调查的样本中。如果抽样框中出现了非目标总体的单位，则是不合格单位的情形。如果抽样总体与目标总体元素能够一一对应，那就是完美的抽样框，但在实际调查中，完美的抽样框是不存在的。对一个抽样框而言，考核以下四个要素是衡量其质量的重点：（1）是否覆盖不足；（2）是否存在不合格单位；（3）是否重复；（4）是否聚类。前两者已在前面做了介绍，重复指的是多个抽样框单位指向目标总体的单一元素，即抽样与目标总体之间多重对应的问题。譬如一个人同时使用了两个甚至多个手机号码，那么在电话调查中，目标总体中的个人就会被多重列入。聚类则指的是目标总体中的多个元素与抽样框的单一元素关联，即同一个抽样框要素代表了多重目标总体要素。譬如，一家人使用一个固定电话号码，此时，在电话调查中，一个电话号码可能代表了一个、两个甚至更多的个人。但在目标总体中，家里每一个人都应该是一个独立的抽样要素，这就需要将样本电话号码所代表的每一个人（合格个体）都纳入样本。在调查中，如果遇到聚类的情形，样本规模就会过小或者过大。当然，也可能重复和聚类的情况同时出现交叉，即出现多个抽样框元素与多个目标总体元素关联的复杂情况。

抽样框中的总体元素又被称为抽样单位，有时抽样单位与分析单位是相同的。但较大范围的多阶段抽样可能有多个层次的抽样单位。例如，当在全国范围内对居民进行社会调查时，编制全国范围的名单抽样框是不现实的。通常的做法是首先通过对区域的划分，建立区县一级的区域抽样框，抽出区县；然后依同样的程序，分别编制下面各级街道和居委会的区域抽样框，抽出街道和居委会；最后再由居委会抽取居民住户的名单。这时，抽样单位分别是区县、街道/乡镇、居委会/村、居民住户四种，通常研究者将第一级抽样单位称为初级抽样单位。在这个抽样中，抽样框的数目与抽样单位的层次是相对应的，即与区县、街道/乡镇、居委会/村、居民住户相对应，有四个抽样框：所有区县的名单、全区县所有街道/乡镇的名单、街道/乡镇样本中所有居委会/村的名单、居委会/村样本中所有居民住户的名单。

在各式各样的抽样框中，人口普查数据是比较完整、比较可信的抽样框。特别是对于全国抽样调查来说，缺少人口普查数据可能会使抽样框产生无法避免的误差。以往的CGSS都是采用人口普查数据作为抽样框的。但在CGSS 2005和CGSS 2008中，人口普查数据主要用来抽取区县、街道/乡镇、居委会/村，而在居委会/村样本中抽取居民住户则采用地图法进行实地抽样。另外，对于城市抽样，也可采用城市居民户籍资料构建抽样框。最后需要注意的是随机数码拨号方法虽然并没有直接显现的抽样框，但这并不意味着它没有抽样框，它的抽样框隐含于安装了电话的住户之中。

第三节 概率抽样

在抽样实践中，根据不同的研究目的，可以有各式各样的抽样设计。但无论这些抽样设计多么复杂，其实都是以下几种基本抽样方法的组合和扩展。具体说来，这些基本抽样方法包括简单随机抽样、系统抽样、分层抽样、整群抽样、不等概率抽样和多阶段抽样等几种形式。

一、简单随机抽样

简单随机抽样也称纯随机抽样,是严格按照随机化原则从含有 N 个单位的总体中抽取 n 个单位组成样本（$N>n$）。在抽样过程中,总体的每个单位都有同等的机会入选样本,而且每个单位的抽取都是相互独立的。根据被抽中的元素是否放回总体,简单随机抽样又可分为放回简单随机抽样和不放回简单随机抽样,在实际抽样中大多采用不放回简单随机抽样。简单随机抽样是概率抽样的最基本形式,其他概率抽样方法都是在此基础上派生出来的。常用的简单随机抽样方法包括抽签法和随机数法。

（一）抽签法

当总体数目不大时,可以采用抽签法。具体操作方法是:先用均质材料做成 N 个签,给每个签编一个号码,并将这 N 个签充分混合。然后一次抽出 n 个签;或每次抽取一个但不放回,再抽另一个直至抽到 n 个签为止。这抽出的 n 个签上的号码就是入样的单位号码。

（二）随机数法

当总体单位很多时,通常采用随机数法。具体来说,可以利用随机数表、随机数骰子、计算机产生的伪随机数等进行抽样。

在几种操作方式中,最经常用到的是随机数表。随机数表是由范围在 00001~99999 内的 5 位数的随机数,按行和列排序构成的。下面结合一个实例来介绍随机数表的使用方法。

假设要从一个 900 人的总体中,用简单随机抽样方法抽取一个 100 人的样本。在利用随机数表产生随机数之前,先要建立抽样框,即给这 900 人中的每一个人按 1~900 的顺序编号。接下来再从随机数表中选出 100 个随机数,抽样框中编号与选出的随机数相同的那些人将组成样本。假如已经有了所有人的名单,就不一定非要给所有的人编号了,因为,在选出随机数后,可以用计数的方式,将被选到的人"数"出来。

用随机数表产生随机数,需要解决以下一系列问题:

第一，确定选出的随机数的位数。在本例中，由于总体人数为 900，在使用随机数表时，需要有 3 位数的随机数才能保证所有人都有被选中的机会。同样，如果总体规模为 4 位数，随机数就应是 4 位数。因此，要从 001~900 范围内抽出 100 个随机数。

第二，决定从 5 位数组中选择哪几位数字。要从随机数表的 5 位数组中产生 3 位数，可以有以下几种情况：选择从左到右的前 3 位数字；选择中间的 3 位数字；选择从左到右的后 3 位数字。如选取随机数表第 1 页的第 1 个 5 位数组：10097，从中可分别选出 100、009、097 等 3 个 3 位数字。这里关键是要预先约定好规则，然后一直按此规则行事。本例从方便角度考虑，选择从左到右前 3 位数字。

第三，确定在表中选择数字的顺序。选择数字时遵循的顺序也可以随意确定，如可以顺着每一列自上而下或自下而上，也可以顺着每一行从左到右或从右到左，还可以顺着对角线方向。同样，这里顺着什么方向并不重要，关键是在选定了一个顺序后，一直都按这个顺序选取。本例从方便角度考虑，选择顺着每一列自上而下的选取方式，一列选完后，从右边的一列继续自上而下选取；一页选完后，从下一页的第一个列继续自上而下选取，直到选够随机数为止。

第四，确定开始选择的 5 位数组起点。这个问题的答案很简单，只需闭上眼睛，用铅笔随意在随机数表上戳一下，戳中的那个 5 位数组，就是开始的 5 位数组；或者，也可以在纸上随意写下某一行与某一列，然后找到这个 5 位数组作为开始。本例随意戳中的 5 位数组，是第 1 页第 6 列第 12 行的 05431，从左到右前 3 位数字为 054，这样抽样框中号码为 054 的人就被选入样本了。

第五，处理大于总体规模或重复的随机数。按自上而下的顺序，如下 1 个数是 996，但由于总体一共是 900 人，故抽样框中没有 996 号。一个简单的处理办法是跳过（舍去）这个数，接着选取下一个随机数 402；再往下选，号码分别为 673、176、356……选完第一页后，接着从第二页继续选，一直到选够 100 人为止。如果在选择过程中，碰巧选中了两个相同的随机数，如两次选中了 399，则应跳过（舍去）第 2 次选中的 399。

除了随机数表，随机数骰子也是一种产生随机数的工具，它是由均匀材料制成的正 20 面体，每一面上分别标有 0~9 的数字各 2 个。使用时，可根据总体规模 N 的位数，决定使用几枚骰子，并同时规定好不同颜色骰子所代表的位数。例如，当 $N=7\,356$、$n=100$ 时可选用 4 枚骰子，并规定红色代表个位数，黄色代表十位数，绿色代表百位数，蓝色代表千位数。将骰子放入盒内摇匀，然后打开盒盖，读取各枚骰子面朝上的数字，即可获得一个随机数。不断重复以上步骤，直到产生 100 个随机数为止。

由于许多统计软件都有产生随机数的程序，因此利用计算机产生随机数是一种方便、快捷的方法。但必须指出的是，由统计软件产生的随机数是伪随机数，在通常情况下有循环周期，故一般无法保证其随机性。尽管有些统计软件产生的伪随机数有较长的循环周期，但为了保证抽样的随机性，在有条件的情况下，最好还是使用随机数表或随机数骰子来产生随机数。

二、系统抽样

在实际抽样中，只有在名单很短，而且事先已将所有单位编号，或用电脑处理过，便于编号的情况下，才会使用简单随机抽样，否则抽样工作量太大，没有实际操作意义。实际抽样中经常采用的是系统抽样，又称机械抽样，即将 N 个总体单位按一定顺序排列，然后先随机抽取一个单位作为起始单位，再按某种确定的规则抽取其他 $n-1$ 个样本单位。系统抽样是独立于简单随机抽样的另一种随机抽样方法，其效果与简单随机抽样相近，但操作起来容易得多。在系统抽样中，等间距抽取是最常用的规则，故系统抽样经常被称为等距抽样。由于抽样使用的是抽样间距，而不是随机数，故等距抽样是一种准随机抽样方法

（一）整数抽样间距

当 N 是 n 的整数倍，即抽样间距 $k=N/n$ 是整数时，可使用直线等距抽样。即在算出抽样间距后，先在 1~k 的范围内抽取一个随机数 r 作为起点，然后每隔 k 个单位抽出一个单位，直到抽出 n 个单位。被抽中单位的号码分别为：r，$r+k$，…，$r+(n-1)k$。

不难看出，直线等距抽样实际上是将 N 个单位排列成了 n 行 k 列的矩阵，再从 1~k 列之间产生一个随机数 r，取第 r 列的全体单位做样本。这时每一列被选中的概率是相等的，因此总体中每个单位入样的概率也是相等的。

（二）非整数抽样间距

当 N 不是 n 的整数倍，即抽样间距 $k=N/n$ 不是整数时，不难看出，这时上述矩阵有些列有 n 个单位，有些列不足 n 个单位，若再利用直线等距抽样就无法保证每个总体单位以相等的概率入样。为了使样本均值为无偏估计，可以采用以下两种方法进行抽样：

一种方法是循环等距抽样，即先将 N 个总体单位首尾相接排成一个封闭圆，抽样间距 k 取最接近 N/n 的整数，再从 1~N 中抽取一个随机起点作为起始单位，然后每隔 k 抽取一个单位，直到抽满 n 个单位为止。由于随机起点是 1~N 中的任意一个，因此每个总体单位入样的概率是相等的。

另一种方法是调整直线等距抽样，先将非整数的抽样间距 k 的小数点后移，使其成为整数$[k]$，然后在 1~$[k]$ 之间选定一个整数的随机起点$[r]$；接下来再将$[r]$的小数点移回来，成为非整数的随机起点 r。由 r 开始每隔 k 个单位抽出一个单位，直到抽出 n 个单位。抽中号码分别为：r，$r+k$，…，$r+(n-1)k$。接下来再将这些号码的小数部分略去，便相应地得到入样单位的号码。例如，$N=2580$，$n=300$，则 $k=8.6$。利用调整直线等距抽样，在 10~86 之间选定整数的随机起点$[r]=27$，将小数点移回，得到非整数的随机起点 $r=2.7$，由此得到号码：2.7，11.3，19.9，28.5，……，将小数点后面的部分略去，就是选中单位的号码：2，11，19，28，……。可以证明，调整后所有单位都具有相同的中选概率 $1/k=1/8.6$。

（三）总体单位的排列

一般说来，以简单随机抽样为基础的概率抽样，在抽取样本之前需要对总体单位编号，如果总体单位很多，则工作量较大。而使用系统抽样则无须对总体单位编号，所需要的只是将总体单位按顺序排列。不过并非所有排列顺序都能满足系统抽样的要求，如当单位的排列存在周期性的变化时，样本的代表性就可能很差。与系统抽样有关的单位排列大致有以下几种情况：

首先，总体单位随机排列。例如，调查个人收入，总体单位是按姓氏笔画排列的，收入与姓氏笔画通常是没有必然联系的，这种按照无关标志排列的总体单位，可以被视为是随机排列的。这种总体单位按随机顺序排列的系统抽样被称为无序系统抽样，其效果等价于简单随机抽样。

其次，总体单位线性趋势排列，即总体单位按某个辅助变量的大小顺序排列，而这个辅助变量与所研究的指标值线性相关。例如，调查家庭消费情况，而家庭是按总收入多少排列的；通常消费与收入是相关的，故该总体单位是按线性趋势排列的。对线性趋势总体进行系统抽样被称为有序系统抽样，其效果优于简单随机抽样，但不如分层抽样效果好。因为，分层抽样在 n 个层中的抽样是随机的，这避免了系统抽样在 n 次抽样中单位偏大或偏小的弊病。

最后，总体单位周期排列，即总体单位指标值按其顺序呈周期性变化。对于周期排列的总体，系统抽样的估计效果与抽样间距以及单位指标值的变化周期有关。当抽样间距等于周期倍数时，抽到的任意一个样本单位都有相同的取值，相当于从总体中随机抽取了一个单位，这时样本的代表性最差。当抽样间距等于半周期倍数时，在大部分情况下，样本会依次重复地取两个高低不等的值，系统抽样会得到无偏的均值估计，样本的代表性会有所改善；如果抽样间距不等于周期倍数或半周期倍数，那么在掌握了总体周期结构的基础上，选择合适的抽样间距，可以抽到周期排列总体中的大部分指标值，得到代表性较好的样本。不过如果对总体的周期结构没有把握，则要么重新排列总体，打乱总体排列的周期性，要么最好放弃系统抽样，改用简单随机抽样和分层随机抽样。

三、分层抽样

分层抽样也称类型抽样，是先将总体 N 个单位，按某种特征划分成若干个子总体，即层，然后在每个层中分别独立地进行抽样，最后将抽出的子样本合起来构成总体的样本。

分层抽样遵循的逻辑并不复杂：如果单位之间差异很大，那就对它们进行分组，使各组内的差异变小，这样在各组内进行抽样就会提高精度，增加样本的代表性。不难看出，分层抽样并不是一种独立的抽样方法，它实际上是一种重新组织总体单位的方法，最终各层内的抽样仍要采用简单随机抽样或系统抽样方法。除具有降低总体异质性程度的好处外，分层抽样还便于对各层指标进行推算，也有利于抽样工作的组织。对总体进行分层需要考虑以下几个问题：样本规模在各层的分配、层的划分和分层抽取样本的方法。

（一）样本规模在各层的分配

最常见的样本规模分配方式是按比例分配，即各层的子样本单位在总样本中所占的比例，与各层单位在总体中所占的比例完全相同，按比例分配是自加权的，这时样本结构与总体结构完全一样。按比例分配无疑具有一种直观上的合理性，能使估计量具有简单形式，而且使用起来也很方便。除了可以按比例分配样本外，有时分层设计还有意识地利用非比例分配样本。非比例分配设计最常见的目的：一是能对总体中规模太小的层进行比较研究；二是在费用一定的情况下，能获得尽可能高的抽样精度。后一种又被称为最优分配。

首先，当某些层的单位在总体中的比例太小时，如果按比例分配样本，则这些层的样本规模会很少，无法进行统计分析。这时可以加大该层的样本规模，即使用较大的抽样比 f，以便对这些层的子总体进行研究和比较。例如，研究人员希望比较高等院校某些特殊专业男生和女生的差异，而在某所学院的某个专业中，男生 4500 人，女生 500 人，女生在全体学生中仅占 10%。如果按比例抽样，则当样本规模 n=500 时，女生为 50 人，显然女生人数太少；如果研究人员希望调查 100 名女生，不难看出，为了增加 50 名女生，就得多调查 500 名男生。这时可采用不等概率抽样，即女生抽样比为 1/5，男生抽样比为 1/10。这样在进行男女生比较时，就有了 100 名女生和 450 名男生。

其次，在最优分配中，当各层的单位调查费用相等时，最优分配的原则是：层内单位标准差越大的层，抽样比越高，这时抽样比与层内单位标准差成正比；如果各层的单位调查费用差异较大，最优分配的原则是单位调查费用越低的层，抽样比越高，这时抽样比与层内单位平均调查费用的平方根成反比。有关最优分配具体的操作细节，请参见有关抽样的统计教材。

显然，在非比例分层抽样中，不同层的抽样比不一样，因此不同层的单位入样的概率也不一样，是不等概率抽样。这时各层的单位不像比例抽样那样能自加权，因此在将各层的单位合并成总体样本时，应进行加权处理。否则在推断总体时，必然会使得推断结果出现偏差。为了避免推断结果出现偏差，在进行总体推断时，需要给那些以较大概率入样的单位，赋予一个较小的权重，或反过来，给那些入样概率较小的单位，赋予一个较大的权重，从而保证对总体推断结果的无偏性。例如，在将上面例子中男女生合并在一起推断总体时，女生的权数要减一半，才能表示她们的抽样比为男生的两倍。

一般说来，如果各层均值有很大差异，则采用按比例分配较好；而如果各层标准差有很大差异，则采用最优分配较好。在实际抽样中，除非各层的标准差相差非常大，大多采用按比例分配的方式。除了简单便利外，还因为最优分配的设计一般只针对某个单一变量，而实际调查通常会涉及多个变量。这时相对于某个变量的最优分配，对其他变量而言可能并不是最优的。

（二）层的划分

层的划分涉及以下问题：使用什么样的分层变量？划分多少层？

理论上，按调查目标变量进行分层是最好的，但在调查之前，目标变量的值是不知道的，因此只能根据与目标变量尽可能相关的辅助变量进行分层，常用的辅助变量包括性别、年龄、职业、受教育程度、收入、地域、民族和宗教等。有时在有多个变量的情况下，还可以采用聚类分析方法进行分层。

除非层的划分是按自然层或单位类型进行的，如性别、职业等，否则从理论上讲，分层时层的数量越多越好，因为层数越多，就越容易形成层内个体的相似性。但在实际抽样中，层的数量受到以下限制。首先是样本规模的限制，因为要考虑估计量方差的无偏估计，故每层至少要有两个样本单位，这样层数就不能超过 $n/2$。其次是调查经费的限制：一方面，增加层数势必增加调查费用，而当层数增加到一定程度的时候，在精度上的收益将非常小，这就是所谓的收益递减现象；另一方面，在调查费用一定的情况下，增加层数必然导致样本规模降低，而每层的样本规模越小，对总体方差的估计值也就越不精确，这时就要考虑增加层数而降低样本规模在精度上是否合算。

（三）分层抽取样本的方法

在分层抽样中，有两种常见的样本抽取方法。一种方法是先将所有总体元素按分层变量进行分层，并计算各层在总体中的比例；接着，如果采用等比例分层抽样，则直接将总体比例视为样本比例；如果采用不等比例分层抽样，则需要对样本比例做一定的调整；最后，再按确定的样本比例，用简单随机抽样或系统抽样的方法，抽出适量的样本元素。另一种方法适用于等比例分层抽样。先将所有总体元素按分层变量进行分层，然后将各层的总体元素一层一层连续排列，最后对连续排列的总体元素进行等距抽样，这种方法被称为分层等距抽样。

四、整群抽样

整群抽样是先将总体划分成若干个小群（视为初级单位），每个小群包含若干个次级单位。然后，以一定方式从总体中抽取一部分群，并由中选群中的所有次级单位构成总体的样本。在通常情况下，整群抽样的抽样误差大于简单随机抽样。但进行简单随机抽样或分层抽样时需要包括所有总体单位的抽样框，这在实际抽样中由于缺乏足够的信息资料，往往是难以实现的；有时即使有可能找到相关资料，编制此种抽样框的工作量也大得令人难以接受。而编制群的抽样框相对是比较容易的，而且在大范围调查中，抽取群也使得调查单位的分布相对集中。

（一）群的性质

从群的划分类型看，经常被用到的是那些自然群，即由行政或地域区划形成的群，如学校、企业、省市或村镇。还有一类群是由调查人员人为划定的，如将一大块面积划分为若干块较小面积的群，这时需要考虑如何划分群才能使在调查费用一定时抽样误差最小。群的划分可以遵循以下原则：群内方差尽可能大，群间方差尽可能小，即群内各单位的差异尽可能大，群与群之间的差异尽可能小。这个原则与分层原则恰好相反。简言之，异质的群，同质的层。从群的规模看，一方面群的大小没有严格限制，可大可小。另一方面，总体中各个群的规模可以相等，也可以不等。

（二）规模不等的群

在社会调查中，总体中的群大多是规模不等的，即群的规模不再是常数。这时不同的抽样可能会抽中不同的群，因此样本规模也不再是常数了。

为了保证样本单位满足等概率原则，可以采取相应措施来控制样本规模的变化。一方面可以按群的大小进行分层,然后对各个层使用相同的抽样比。这样可以保证在抽样结果中,各层总是分别包括了一定数量规模不等的群,进而使得样本规模不至于有很大的变化。另一方面,可以重新组合大小不等的自然群,形成一些新的规模相差不大的人工群,进而使得样本规模约等于常数。后一种措施通常用在总体中大多数群相差不大,只有少数群较大或较小需要重新组合的情况下;如果有太多的群需要重新组合的话,则工作量太大,不合算。

五、不等概率抽样

不等概率抽样是指在抽样过程中,总体中的每个抽样单位有一个被抽中的概率值,这些概率值可能不相等,即不同的总体抽样单位入样的可能性是不等的。之所以采用不等概率抽样方法,主要是因为当总体抽样单位之间差异较大时,等概率抽样可能会增大估计误差,降低估计精度,从而对抽样效果产生不良影响。不等概率抽样分为放回和不放回两种类型,这里只讨论放回类型。样本规模固定,且每个抽样单位被抽中的概率与单位的大小或规模成比例(probability proportional to size,简称 PPS) 的不等概率抽样。不等概率抽样的实施有两种方法。

(一)代码法

代码法比较适用于总体抽样单位的规模 N 不太大时。下面通过一个实际例子来具体说明代码法的抽取方法。设总体为某高校,抽样单位由 $N=10$ 个院系组成,每个院系编号、规模 M_i($i=1$,2,…,N) 及代码数请参见表 2-2 中的数字。现利用代码法抽取 $n=3$ 个院系的样本。在具体抽样时,先赋予每个院系或抽样单位与 M_1 相等的代码值,再将单位 M_1 值累加,并根据累加值对应每个 M_1 设定一个代码区间。

表 2-2　利用"代码法"进行 PPS 抽样举例

院系编号 i	学院规模 M	累计 M_1	代码区间	抽中代码
1	92	92	1~92	
2	120	212	93~212	100（等距法）
3	335	547	213~547	
4	143	690	548~690	628（随机数）
5	442	1132	691~1132	828（等距法）
6	121	1253	1133~1253	
7	73	1326	1254~1326	1305（随机数）
8	447	1773	1327~1773	1556（等距法）
9	66	1839	1774~1839	
10	345	2184	1840~2184	1874（随机数）

接下来即可以采用随机数表法（也可使用等距抽样方法）抽取三个院系。在代码区间[1，2184]中产生的第一个随机数为 628，第二、第三个随机数分别为 1305 和 1874，它们所对应的 4、7 和 10 号院系被抽中。

如果使用等距抽样方法，则先要算出抽样距 $k=N/n=2184/3=728$，然后在 1~728 之间抽取一个随机数 100，则代码 $r=100$、$r+k=828$、$r+2k=1556$ 所对应的院系入样，其序号分别为 2、5、8。相比之下，等距抽样的操作比较简便。另外，将群按某种与调查变量有关的变量排序后，使用等距抽样可取得隐含分层的效果，故 PPS 抽样中一般采用等距抽样。

（二）拉希里（Lahiri）法

当总体抽样单位的规模 N 很大时，使用代码法抽样会很麻烦，这时可以使用拉希里法。其方法是：设 $M^*=\max M_i$，每次从[1，N]中抽取一个随机数 i，并在[1，M^*]中抽取一个随机数 m。如果 $M_i \geqslant m$ 则第 i 个抽样单位入样；否则依照上述步骤，重新抽取。不难看出，第 i 个抽样单位是否被抽中与 m 有关，$m<M_i$ 时它才能被抽中，也就是说，第 i 个抽样单位被抽中的可能性与 M_i 的大小成正比。

六、多阶段抽样

前面介绍过的几种概率抽样方法,在总体规模或范围很大的情况下,会遇到两个很难解决的问题。首先,在很多情况下,无法获得抽样所需要的总体元素名单(抽样框)。其次,样本分布过于分散,实地调查的成本极高。例如,在全国城市居民综合调查中,要想获得一份登记有所有居民的名单几乎是不太现实的。即使通过由电脑管理的人口普查资料得到一份抽样名单,抽到的居民也会是天南地北四处分散的,要耗费巨资才能接触到他们。在这种情况下,就需要采用多阶段抽样方法。

这里"多阶段"指的是按总体内的层级关系,即把抽样分成几个阶段来进行。最初从总体中抽出的群被称为初级抽样单位 (primary sampling unit,简称 PSU),如果 PSU 的规模相等,用简单随机抽样或等距抽样方法,直接进行第二阶段的抽样,这时第二级单位是等概率入样的,而且样本规模是常数。这个原则也适用于更多阶段的抽样。问题是如果群规模不等,多阶段抽样也存在与整群抽样类似的样本规模随机变动问题。多阶段抽样样本中规模随机变动问题,在很大程度上是由于要保持抽样的等概率条件,即保持总抽样比不变而产生的。如果不考虑等概率条件,则可以使样本规模保持不变。也就是说,要么保持样本的等概率条件,接受一个规模不确定的样本;要么保持样本规模不变,放弃样本等概率条件。由于不等概率样本需要进行复杂的加权处理,故实践中使用更多的是前一种方式,即保持总抽样比不变。具体处理方法包括:分层多阶段等概率抽样和多阶段 PPS 抽样。

(一)分层多阶段等概率抽样

在分层多阶段等概率抽样中,需要先将总体中规模不等的群按规模(或重要性)分层,然后在不同阶段对不同的层使用不同的抽样比。以两阶段抽样为例,假设将总体分为大群、中群、小群三个层。在第一阶段抽群时,大、中、小三个层的抽样比 f_a 依次递减;在第二阶段抽单位时,大、中、小三个层的抽样比 f_b 依次递增。为保证样本单位等概率入样,即总的抽样比 f 保持不变,可使 $f=f_a \times f_b$ 保持不变。如果 $f=1/400$,则可以进行以下样本设计(见表2-3):

表 2-3　按规模分层抽样举例

层	f。	fb	f
大群	1	1/400	1/400
中群	1/20	1/20	1/400
小群	1/400	1	1/400

表中"1"意味着该层中的所有群都入选。例如，在全国抽样中，可将北京、上海、天津、重庆这四个直辖市构成一个层，设定抽样比为 1，即让这几个城市直接入样。$f=1$ 意味着在这个群内的所有单位都入样。不难看出，只要保持各阶段抽样比的积为常数，各阶段抽样比就有很大的变动余地，而且可以扩展到三阶段以上的抽样。

（二）多阶段 PPS 抽样

多阶段 PPS 抽样的关键是在第一阶段抽取 PSU 时，要先放弃等概率抽样条件，采用 PPS 抽样方法，即赋予规模不等的群与其规模（或辅助变量）成比例的入样概率。这样一来，规模大的群以大概率入样，规模小的群以小概率入样。由于抽取 PSU 的过程是不等概率抽样，因此如果要保证总抽样比不变，就需要以一个固定的样本规模从抽中的 PSU 内抽取样本单位。因为。如果抽取的单位规模对每个 PSU 来说都一样，那单位入样的概率就会与群的规模成反比。这样大概率抽取群，小概率抽取样本单位，一大一小相互抵消，就保证了总体单位抽取的等概率性。与此同时，由于不论 PSU 大小，都抽取固定规模的样本单位，因此也控制了样本规模的变动。

（三）规模测量值

进行 PPS 抽样的一个前提条件是在具体抽样前，要知道各级抽样单位的规模。可是在抽样前一般无法确切知道抽样单位的实际规模，为了能使用 PPS 方法，只能代之以各级抽样单位规模的估计值 M，即规模测量值。估计值可以从离调查时点最近的一次普查资料或其他统计资料中查找到。

第三章 题目设计方法

第一节 题目的类型

调查问卷的题目大致可分为两大类：开放式题目和封闭式题目。开放式题目没有提供给被访者固定的答案类型，被访者要完全自主地回答问题；访问员或被访者自己详细记录答案，在资料处理时将被整理成特定的类型。封闭式题目则不仅提出问题，而且尽可能地将全部有意义的答案选项提供给被访者，被访者只要从这些答案中选出代表其目前状况的答案即可。下面具体说明两类题目的不同特点：

一、开放式题目

具体说来，开放式题目又可进一步划分为两种形式，其中一种的答案不仅较短，而且要求回答的内容也比较固定。例如，你可以针对教育时间，可询问被访者：您一共接受正规学校教育_____年？然后要求被访者在横线标明的空格处填写相应的答案即可。此类题目经常被用于答案所涵盖的范围过于宽泛，无法逐一列举的情况。由于它能形成定距测量数据，而且填答起来比较容易，故在调查中常常能收到很好的效果。

另一种形式的开放式题目则适用于答案内容较长，而且答案内容不太固定的情况。被访者的回答可能是一句话，也可能是一段很长的叙述。不仅如此，在邮寄的问卷调查中，许多被访者会嫌麻烦而略去不答此类题目，有时即使填答了，有些潦草的字迹也会给问卷录入带来相当多的困扰。因此，在问卷设计中，此类开放式题目最好慎用。如果一定要用，最好将其放在问卷的结尾之处，以"其他意见"的询问方式提出。例如，在社会关系研究中，调查人员可能会问：您在遇到经济困难时，得到过他人的帮助吗？如果得到的回答是肯定的，就可以进一步请被访者用开放的形式回答帮助来自何人、是何种形式的帮助，等等。

二、封闭式题目

封闭式题目的形式很多，归类方式也不尽相同。这里将针对那些最常用到的形式，尽可能对它们进行简化归类。大体说来，封闭式题目可划分为"复选""排序""是/否选择""评定尺度""语义差异"等几种主要形式。

（一）复选

封闭式题目的一种常见类型是"复选"形式。该形式要求被访者在两个或多个可能的答案中，选择一个或几个适合自己的答案。各类标准化考试的考题经常采用此类题目形式。其中，只能选择一个答案的，被称为单选题；限定选择一个以上答案（如限选三项）的，被称为限选题；不限定选择答案个数的，被称为多选题。"复选"式题目通常与定类测量相对应，设计这种题目的关键是提供的答案选项应具有穷尽性和排他性。此类题目要求回答时，如果仅让被访者选择一项答案，最好在题目后面附上"请选一项"的简短说明；如果限定被访者选择三个答案，或让被访者根据自己的情况任意选择多个答案，也应分别附上"限选三项""可选多项"等说明。

另外，为了保证穷尽性，有时还可以将"其他"列入答案的选项。不过，应该尽可能地事先将各种答案选项考虑周全，尽量减少列入"其他"项的情况，特别是在邮寄访问中。因为被访者很可能由于怕麻烦而选择"其他"项，这会给资料分析带来很多麻烦。尽管研究者常在"其他"选项后面加上"请说明"或"请详述"的附注，但在调查实践中，此内容的填写往往受制于调查主题能否激发起被访者的填答意愿。例如：

（1）您是中共党员吗？

1.是　　　　　　2.不是

（2）您在本市的居住方式是（请选一项）

1.单位集体宿舍　　2.外来人口公寓　　3.租住民房　　4.与亲友同住

5.已购房　　　　　6.随工作而居　　　7.其他（请说明）

（3）您一般通过下列哪些渠道搜集就业信息？（可选多项）

1.就业广告　　　　2.职业介绍所　　　3.招工单位/公司/部门

4.政府劳动部门　　5.其他各类组织　　6.各类社会关系　　7.其他（请说明）

（二）排序

当被访者在复选形式中选择多个答案时，研究者往往无法分辨这些被选中答案的重要程度或顺序。为了能够了解被访者在诸多替代性选择中的偏好程度，可以让他们对选中的答案进行排序。例如，在限选题或多选题中，加上相关说明："请对选中的各个答案，按照重要程度进行等级排列"。等级排序形式是一种定序测量。

在要求被访者对选项进行排序时，要注意以下几点。首先，要求被访者评判的排序项目的数目不能太多，一般以3~7项为好，超过7，被访者区分重要程度的可靠性就大打折扣了。其次，在设计题目时要注意提醒被访者，不要将两个答案排成同等重要程度，这种"平分秋色"的情况一旦出现，会影响后续的数据处理和统计分析。最后，在设计题目时，要尽可能将影响被访者进行评判的重要因素都列入答案，否则会影响到被访者判断的准确性。

（三）是/否选择

"是/否选择"是一种适用于对态度、意见进行测量的题目，由于只列举"是"或"否"两个供被访者选择的答案选项，因此带有一定的强迫性质。需要强调说明的是，是/否选择题，与复选题目中只有两种内容的题目不同。在填答复选题时，被访者只要根据自己的情况，将自己归入某一选项即可，不会产生"被强迫感"。但在回答是/否选择题时，无论被访者的真实感受如何，他都必须尽可能地使自己的感觉贴近两个选项中的某一个，这时他会产生一种"被强迫感"。

其实,"是/否"选择题在某种程度上是评定尺度的一种简化形式,不过评定尺度由于细分了答案选项,使被访者能有较大的空间将自己的感受归入某个适当的选项,而不是将自己的感受"挤压"到答案选项的两极。对于单向式的排序题目,使用评定尺度比较适合;但对于比较复杂的题目来说,使用是/否选择题更容易得到满意的答案。

另外,"是/否"形式还可以替换为"真/伪""同意/不同意"的形式。例如:

您是否同意进一步增加城市居民最低生活保障金的发放金额?(1.同意　2.不同意)

在使用"是/否"形式时,通常将许多相互有关联的调查项目排列成一个选择单让被访者选择。由于选择单中的各种题目和回答形式比较固定,因此可以加快被访者的答题速度,进而提高调查的效率;同时被访者在选择过程中,还可以对相互关联的项目进行比较,从而提高回答的准确性。选择单也可采取只列出"是"一个栏位的形式,被访者仅在回答"是"时选择,如果回答"否"就不选择。但需要注意的是在此情况下,很难分辨回答"否"的情况"无意中漏选"或"不知道"的情况的差别。因此,在设计选择单时,最好同时列出"是"或"否"两个栏位,这样既可延长被访者回答时的思考时间,也可促使其从正反两面考虑如何回答,从而增加回答的准确性。

(四)评定尺度

在问卷设计中,评定尺度是实现定序测量最重要的一种形式。这种形式通常是针对某种属性,设计一组由最负面感觉排到最正面感觉的答案序列,然后让被访者根据答案类别与自己的感觉、意见之间的关联性,将自己的选择归入某个合适的答案类别中。例如,总加量表就是一种常见的评定尺度形式,它涵盖了"同意"和"不同意"的不同程度。例如:

非常同意　同意　无意见　不同意　非常不同意(双极式)

设计评定尺度要注意以下问题:首先,要预先确定答案排序是按单极式,还是按双极式。总加量表是双极式排序的例子,其是从"极度肯定",经过中间区分点——"无意见"阶段,再到"极度否定"。而单极式则从"极高程度"到"完全没有"。例如:

特优　优　良好　普通　不佳(单极式)

无论是单极式还是双极式答案排序,都要注意答案的选项,必须按递增或递减的一致性方式排列。

其次，要注意均衡设置答案选项。要让被访者感到答案之间的距离是等距的，并且不要让设定的等级出现过大的间隔，或间隔过于接近。例如：

特优 优 不佳 （间隔过大）

特优 良好 平平 普通 不佳（间隔过于接近）

另一种均衡是指在选择双极式排列答案时，要采取平衡的等级，即"中立"选项之前或之后的选项数目应该是相等的。以下是一个不平衡等级的例子：

非常同意 同意 有些同意 无意见 不同意

产生不平衡等级的原因是在提供答案时，研究者已经有了倾向于某种导向的成见。不平衡等级最终会使结果偏向某一极。以上面的答案为例，被访者在"同意"方面共有三次选择机会，而在"不同意"方面仅一次选择机会。于是在调查中，被访者对某件事实持"同意"态度的比例，必定高于持"不同意"态度的比例。这也许真实地反映了被访者的态度，但也可能是由等级的不平衡排列造成的一种假象。

最后，要注意答案选项的数目。一般说来，答案选项的等级区分，在 3~7 个之间。至于最终确定几种区分等级，取决于研究的内容以及要进行何种分析。关键是要根据研究目的，尽可能地提供给被访者足够的选项，使其能完全区分开不同的感受或经验。但要注意避免给出太多的答案，导致答案之间的差异难以区分。

另外，在 3~7 个答案之间，究竟是选奇数还是选偶数，要看是否希望设定一个中间区分点。对于单极式等级而言，是否要中间区分点关系不大。因此，无论是选奇数还是选偶数，只要符合主题即可。

但是，对于双极式等级来说，中间区分点的影响很大。因为如果给定了中间区分点，那么被访者在面对某些不愿涉及的题目时，会选择中间区分点作为"安全岛"回避题目，这样研究者就无法对被访者的真实感受和态度作出适当的分析。因此，当研究者想要"强迫"被访者表明其所倾向的立场时，就不要设定中间区分点；特别是对于一项比较复杂，而且与情绪有所牵连的争议性题目，如果希望了解被访者的意见和看法，就可以设定 6 个等级的答案，帮助被访者对自己的意见和看法作出比较适当的区分。这时介于中间的两个选项比较接近中间区分点。例如：

非常同意 同意 有些同意 有些不同意 不同意 非常不同意

(五) 语义差异

语义差异形式是评定尺度的一种转换形式，它将评定尺度中的文字用数字 1~7 或-3~+3 替代（7 个数字是最常见的，但也可少些），并且在两极位置设置一系列处于对立状态的形容词或陈述，一般可选取 12 个形容词或陈述，然后让被访者针对特定的概念或客观环境对象，从数字 1~7 或-3~+3 中选出一个最能代表自己感受的数字。例如，向员工了解对其老板的感受，可以让员工对以下具有对立特征的形容词进行选择（见表 3-1，数字 1~7 也可换成-3~+3）：

表 3-1　语义差异量表

勤奋的	1	2	3	4	5	6	7	懒惰的
热情的	1	2	3	4	5	6	7	冷淡的
聪明的	1	2	3	4	5	6	7	愚笨的
强硬的	1	2	3	4	5	6	7	软弱的

语义差异经常用来对两次评判进行比较研究。例如，可以向员工询问两次，第一次询问针对的是员工对"当前的"老板的评价，而第二次询问针对的是对"理想的"老板的感受。然后，比较所有员工在两次评价中，在每个形容词或陈述上的平均得分，并计算出它们之间的差数。差数越大，说明员工对老板的满意度越低。比较也可针对两个不同的对象进行，如大学生对美国人和日本人的不同印象。

在社会调查中，搜集事实性资料经常会采用定类和定比测量。例如，当问到"您的性别""您是否有工作""您结婚了吗"等状态时，常用定类层次的测量；而在问及"您年纪多大""您的年薪是多少""您的受教育年限"这类数字时，则常用定比层次的测量。当然，也可对客观事实进行排序，得到相应的定序资料。例如，将教育程度分成小学、中学和大学等不同等级，或用"经常""有时候""很少""从来没有"等来描述某个事实的强度。不过除非报告确切数字有困难，否则在搜集与客观事实相关的数字时，还是应尽量用定比测量。因为定比测量要比定序测量包含更多的信息，而且在无须对数字进行准确描述时，还可以将定比资料转换成定序资料，反过来则不能。

由于用数字表示主观状态难度较大，因此搜集反映主观状态的资料时多采用定类或定序测量。例如，如果问"你是否赞成修建更多的核电站"，那么答案可能会是：非常赞成、赞成、视情况而定、不赞成、非常不赞成。还有一些量表也是对主观状态进行定序测量的例子，其中比较常见的有总加量表、语义差异量表、哥特曼量表等。研究人员一直在尝试各种办法来实现对主观状态的定距或定比测量，但收效甚微，并没有出现很多成果。

第二节 事实和行为题目的设计

除了从形式上对题目进行分类外，还可以根据事实、行为和主观状态等调查内容，对题目进行分类。本节将讨论事实和行为题目的设计，这类题目主要询问个人特征、个人经历和个人生活形态，它们的一个共同特征就是答案有对错之分。因此，提高回答的正确程度，就成为题目设计的关键。下面将讨论提高回答质量的一些常用策略。

一、明确测量目标

研究者在设计题目时，首先要明确自己的测量目标，即搞清楚自己希望通过该题目获取什么类型的信息，明确问一问自己到底要测量什么、为什么要测量。需要注意的是，题目的目标并不等于题目本身，前者界定的是研究者需要的信息类型，而后者是通过题目和答案来获取此种信息的手段。研究者在明确题目的测量目标之前，是不可能设计出适当的题目的，因为题目的测量目标不同，用词和答案的构成就不同。例如，如果将题目的目标定义为收入，则可以设计出以下几个题目：

（1）您现在这份工作上个月的总收入是多少？

（2）您在过去一年内，有报酬工作的总收入是多少？

（3）去年一年中，您及所有与您住在一起的家人的各种收入的总和是多少（包括全家所有成员的全部工资、各种奖金、补贴、分红、股息、经营性纯收入、银行利息、馈赠等）？

虽然这三个题目都询问了收入，得到的信息类型却不一样。被访者当前工作收入的多少，反映的是他所从事工作的性质或职业的地位，可以作为测量其社会地位的指标。而过去一年内有报酬工作收入的多少，是反映被访者可能触及多大资源的一个相关指标，可以作为测量其财产或经济地位的指标。更进一步说，要反映被访者所拥有的财产或经济地位，用被访者所有家庭成员通过各种渠道获得的总收入作为指标可能更恰当一些，因为大多数人倾向于与自己的家庭成员共同拥有和享用家庭的全部收入。

由此看来，在设计与被访者收入有关的题目时，仅粗略地用有"收入"这样一个模糊的目标是不够的，必须进一步弄清楚究竟是用收入来测量被访者的工作性质或职业地位，还是测量他所拥有的财富或经济地位。也就是说，要对希望了解的信息类型有清楚明确的认识，并将此时的题目目标与进一步的分析联系起来，要明确题目所涉及的信息在整个研究计划中的位置。

从有关移动电话消费调查的例子中，也可以进一步认识"题目的目标"和"特定的题目能达到什么目的"两者之间的关系。如果定义目标为"移动电话消费"，则可以设计出以下题目：

（1）您昨天打出和接进几次手机？

（2）您在过去七天中一共打出和接进几次手机？

对于这两个题目，关键是要弄清楚，题目的目标到底是描述移动电话的消费，通过被访样本来估计移动电话的消费量，还是以移动电话的消费形态来显示被访者的特征。通过第一道题目能够得到比较精确的移动电话消费量，但所涉及的时间很有限。由于一个人在一天中的行为，无法代表他的个人特征，因此不能将一天中移动电话的高、中、低消耗量作为分辨个人类型的指标。第二道题目，被访者回答起来是有一定困难的，因为准确估计七天打了多少移动电话是不太容易的，但是与第一道题目相比，第二道题目能很好地刻画出被访者的个人特征。

究竟在调查中选取哪个题目，取决于将要搜集的资料的作用，即研究者要用这种资料做什么。如果研究者仅仅是在为手机制造商进行市场调查，目的是比较准确地估计手机顾客的群体消费情况，那么设计出来的题目就应该与上面第一道题目类似，要尽可能准确地估计出手机的整个消耗量。如果实施的是一般社会调查，其目的是了解手机通话这种通信方式在人际交往中所占的地位，那么类似上面的第二道题目，分辨出个人的消费形态就应成为设计的目标所在。

在设定题目的目标时，还应注意可能会出现的不确定性。例如，定义目标为"找工作的经历"，则可以设计出以下题目：

（1）在获得这个工作的过程中，您一共找亲戚、朋友和熟人帮过几次忙？

（2）在获得这个工作的过程中，您一共利用了几次自己的社会关系？

这个题目目标可能派生出来的不确定性，可以通过题目的变异性来说明。这里"社会关系"的确切含义是什么？究竟是仅仅指亲戚、朋友和熟人，还是包括在找工作中提供帮助的其他人？另外，在找工作的过程中，提供帮助的职业中介机构，一般是不作为社会关系的。但是由熟悉的职业中介机构提供的帮助，是否也应计算进来呢？

总而言之，在题目设计之初，就要认真仔细地确定题目的目标，弄清楚题目要测量的信息类型，明确特定题目所能达到的特定目的，消除题目目标中可能产生的各种不确定因素。实现这一目的的方法之一就是详细列举出每一个题目的具体目标，同时说明由每一个题目搜集来的信息的具体用途。

二、澄清概念和术语

有了题目设计的目标后，要确定用什么词句来表述题目。这不仅是题目设计的基本要素，也是题目设计的难点。因为，研究者必须设法使所有被访者对将要回答的题目有一致的理解，否则搜集到的资料就会有误差。例如，当询问被访者的个人求职经历时，由于许多被访者有兼职，因此被访者在回答这一题目时，对于该不该把自己兼职的经历也算进去，就可能会有不一致的看法。如果在设计题目时明确地排除了兼职的情况，那得到的资料就会更加准确。假设所设计的题目是测量找工作的次数，那么调查结果在很大程度上取决于题目的用词是明显地排除兼职，还是没界定。

怎样才能使被访者与研究者对题目用词的理解一致呢？解决这一问题最直接的方

法就是将研究者所使用的概念或术语的定义告诉被访者,然后让被访者根据研究者的定义,去对事件进行分类或计算。也就是说,将相关概念或术语的定义写进题目,是帮助被访者一致理解题目的最常见方法。不过这里需要注意的是,如果概念的定义比较简单,那么用几个字或用括号加上一段话,就可以完成题目的设计。但有时会遇到定义比较复杂的情况,简单地加上几个字是无法说清楚的,这时最好对概念的定义进行分解,区分出定义的不同维度,然后用多个题目来涵盖定义的所有维度。下面结合实例来说明将定义纳入题目的具体设计方法。

（一）通过定义澄清题目用词含混不清的地方

假设题目的目标是了解被访者在找工作时,是否利用过自己的社会关系网络,设计出的题目为：

您在获得工作时,是否得到了亲戚朋友的帮助？

这个题目存在着两个容易引起混淆的地方。首先,正如上面已经提过的那样,从题目的措辞中,无法确定"工作"这个用词包不包括兼职。其次,题目在时间上是模糊的,"工作"可能是指当前的,也可能是指过去做过的工作。因此,可以将题目改为：

您在获得当前工作（不包括兼职工作）时,是否得到了亲戚朋友的帮助？

不难看出,题目中的用词经过改动,排除了"是否包括兼职工作"和"该包括哪个时间段"这两个容易引起混淆的问题。

（二）用多个题目来分解复杂的概念定义

假设题目的目标是测量被访者的收入状况,设计出的题目为：

您的收入有多少？

应该说对于被访者来说,回答这个题目并不困难,但研究者可能会得到各式各样有关收入的答案,因为有许多种计算收入的方式。例如,计算的收入可以是现在的,也可以是过去某个时期的；可以是薪水或工资,也可能还包括其他来源的收入；被访者的答案可能只包括自己的收入,但也可能同时还包括被访者能够共享的其他人的收入。

对于如此复杂的"收入"概念,如果按上面讨论的方法,在题目中给出包含收入各个维度的定义,可以设计出以下形式的题目：

请您估计一下您自己以及与您同住的家人在过去一年中的收入一共有多少。在计算这些收入的时候，不但要计算您自己以及与您同住的家人工资上的收入，同时还要加上您自己以及与您同住的家人从任何其他来源所得收入，例如，各种奖金、补贴、社会救济金、退休金、经营性纯收入（如房租）、财产馈赠，以及从股票、债券或储蓄得来的利息、分红、股息等。

这是个很复杂的定义，但这样做是绝对有必要的，因为研究者所要测量的"收入"，本身就是个很复杂的概念。不仅如此，即使下了如此复杂的定义，还是有一些应该说明的问题在题目中没有谈到。例如，与被访者"同住的家人"，在题目中就没有给出严格的限定。这导致在访问的时候，与被访者同住的家人跟题目中所询问的那个时间段相比，已经不一样了，那么被访者应该怎么回答？是说去年同住的家人，还是说当前同住的家人呢？从测量目标看，应该是去年同住的家人，但无法排除许多被访者计算当前同住的家人的可能性。再有，上面设计的题目没考虑个人收入所得税，即题目没有明确限定回答的是税前的总收入，还是税后的总收入。

不难看出，如果需要测量的概念非常复杂，在题目中给出一个详尽、复杂的定义，不是一个解决问题的好办法。与不给被访者定义相比，这样做可能会把被访者搞糊涂，访问结果可能会更不理想。解决此类问题的方法是设计多个题目，分别询问概念的不同维度，即针对概念涉及的各种情况，用多个题目来询问。例如，在设计测量收入的题目时，可以先问一个一般性的题目：

您估计一下在过去一年中，您自己以及与您同住的家人（指去年同住的家人）的收入一共有多少？

然后追问下列题目：

（1）刚刚提到全家收入的时候，有没有包括从股票、债券或储蓄存款这些来源所得到的利息、分红、股息等？

（2）告诉我的那个收入，有没有包括房租所得？

（3）再请您重新估算一下，如果把这些其他收入通通加进去，您去年一年全家的收入大概有多少？

从测量收入的例子可以看出，如果需要测量的概念太复杂，就没必要尝试着用一个详尽完整的定义与被访者沟通。也就是说，要测量被访者的家庭总收入，研究者不一定要把一个详尽完整的收入定义放在一个题目中，以此去和被访者沟通解释，而是应设计一系列反映收入各个维度的题目，来询问被访者以及家庭成员在某个特定时期内有哪些收入，然后再整个加起来。可以看到，采用多个题目来测量家庭总收入，大大减少了被访者回答题目的难度，而且涵盖那些通常容易被忽略掉的收入来源的可能性更大，因此这种方法要比使用单独一个题目测到的收入值更准确可信。

　　总的说来，采用多个题目来测量复杂概念有以下优点：第一，题目变得更加清楚和简单，与将复杂定义纳入一个题目相比，被访者对题目的理解更容易达成一致；第二，大大减少了被访者的答题难度，被访者不再需要一次就完全地考虑到测量概念的所有维度，而只需要每次就事论事地回答某个维度的题目就可以了，汇总或全面考虑的工作留给研究者去做；第三，此类题目不仅可以获得总的测量指标，而且可以分别获得各个维度的指标，而反映各个维度的指标可以用来满足其他的分析目的。以收入的测量为例，被访者的工资收入可以被当作测量职业地位的指标，而家庭总收入则是反映可利用资源的比较好的指标。第四，设计多个题目更利于将复杂概念中比较容易忽略掉的方面都囊括进来，特别是多个题目问起来要花费更多时间，虽然这可能会对访谈过程产生一定的负面影响；但多问几个题目，可以促使被访者多花点时间去思考和回忆，这对提高回答的效率无疑是有利的。

　　最后需要说明的是，利用多个题目进行测量的方法，是一种尝试着把复杂概念的定义传达给受访者的替代方案，从设计、操作和分析上看，都要花费更多的精力，相对说来，所需成本较高。如果所研究的问题对测量指标的精度要求不高，也不一定非用多个题目来测量不可。例如，如果在研究中仅需要对被访者的社会经济地位做粗略的估计，那使用单独一个一般性的题目来测量收入应该就可以接受了。这种简化测量虽然有缺陷，但与多个题目的复杂测量相比，成本相对较低。

（三）生僻术语的处理方法

　　上例从被访者的角度看，收入虽然是个涉及面较广的复杂概念，但毕竟在日常生活中经常被使用，因此是人们比较熟悉的概念。而社会调查的题目有时会涉及法律、金融和保险等专业领域中的术语，对于被访者来说可能完全是陌生的。例如，一个调查健康保险的题目为：

您参加了什么健康保险？是受雇职工模式的健康保健组织，像 IPA、PPO 之类，还是不限制每次付费的健康保险？

假设大多数没有学习过专业保险知识的被访者很难区分 IPA、PPO 之类的专项健康保险类别。而且由于健康保险模式种类繁多，尝试用一般定义来逐一说明似乎也不大可行。一种可行的解决方法是设法将这些生僻术语涉及的有关内容，转换成被访者可以理解和回答的题目，然后研究者再根据被访者的答案，对被访者所参加的健康保险加以分类。例如：

（1）根据您的健康保险计划，当您需要医疗照顾的时候，是可以自主去您想去的医院，还是只能去特定的医院，或者去其他固定的医疗机构？

（2）（如果您去的医院被列在特定的名单里，或者属于某种特定类别的话）您所去的医院是只接收您所属的健康保险计划里的成员，还是同时也接收其他类别的病人？

（3）您在您的保险计划下接受医疗服务（不论是什么样的医疗服务）的时候，您一向是付同样的金额，还是按照所接受的服务而支付不同的金额？

不难看出，与上述要求被访者区分 IPA、PPO 等健康保险类别的题目相比，经过改动的题目比较容易理解，因此也就大大提升了被访者正确回答题目的可能性。当然，研究者还无法直接根据被访者对这些题目的回答对被访者的各种状态作出区分。研究者还得根据各类健康保险的定义，对被访者的答案进行归类处理，从而得出被访者参加的健康保险种类。一般说来，询问被访者一些他们能回答的题目，然后再根据复杂、生僻术语的定义，尝试着对被访者的答案进行分类，是处理问卷题目中许多复杂、生僻术语的一般性方法。

虽然通过将生僻术语的定义转换成比较容易理解的题目，能够降低被访者回答题目的难度，但还是不排除仍有被访者无法回答这类题目。下面是两个与法律问题有关的题目：

（1）您在过去十二个月里是否遭遇过抢劫？

（2）您在过去十二个月里是否遭遇过失窃？

初看起来这两个题目回答的难度不大，但这里涉及对"抢劫"和"失窃"这两个法律概念的技术性定义。"失窃"是指罪犯故意破坏、闯入被害人住所取走财物，又没有被当场发现的犯罪形式；而"抢劫"是指罪犯用暴力或威胁要用暴力，从被害人那里取走财物的犯罪形式。如果罪犯闯入某户人家想实施盗窃，而家中有人或正好有人从外面回到了家，撞见了闯入的罪犯，那原本会是盗窃犯的入侵者就变成了抢劫犯。但在问卷调查中，试着拿这些技术定义去和被访者沟通，让他们分辨自己到底是失窃还是抢劫的受害者，结果可能并不理想。比较有效的做法是，让被访者描述亲身经历的事件过程的相关细节，然后由研究者将这些事件划分成适当的犯罪类别。

总之，问卷调查中的题目，是用来对调查对象、事件进行分类或计算的工具，好的题目设计，要使被访者采用的分类或计算标准，与研究者对这些标准的定义保持一致。重要的是设法使被访者能够更准确、更容易地"读懂"或理解研究者进行定义时使用的概念术语。

三、帮助被访者确定信息

在题目设计中，除了要考虑如何使被访者准确地理解题目外，还应考虑被访者是否具有回答题目所需的信息。很有可能被访者读懂了题目，但不知道或没经历过被问到的事件；即使被访者经历过这类事件，也有可能已经忘了这类事件曾经发生；就算被访者能想起这类事件发生过，也可能无法正确地按题目要求的时间框架来回答。下面讨论解决以上难点的一些方法。

（一）不掌握知道相关事件的信息

对于被访者不知道问题答案的情况，要作出进一步的区分。因为被访者可能在两种情况下，不知道问题的答案：一是被访者根本不了解或没经历过问题问及的事件，因此没有回答问题所需的相关信息；二是被访者拥有问题涉及的相关信息，但他拥有的信息不符合研究者所要求的形式。

在第一种情况下，被访者不掌握题目所要了解的信息，回答不知道是正常的，这与题目设计无关。例如，有些题目可能是问整个家庭的有关信息，而家庭普通成员可能对家庭收入和储蓄情况并不了解，在访问中要了解这些情况，就必须让掌握情况的家庭成员来回答题目。另外，题目也可能是问被访者家庭其他成员的情况，这时被访者很可能不知道，有时一些相对公共的事件或特征，即使被访者大致了解一些，让题目涉及的当事人自己回答，也比由被访者替代回答效果要好。

与第一种情况不同，在第二种情况下，被访者通常具有题目涉及的相关经验或信息，但被访者掌握的信息可能并不完全符合研究者所要求的形式。例如，有些研究需要了解人们的职业分类情况，不仅需要职业类别的信息，而且需要职业所属行业的信息。可是很多从事体力劳动的蓝领工人，虽然很清楚自己工作的具体操作方式、具体流程，但并不知道自己的职业类别、行业类别。通常他们可能也不关心这类信息。

前面讨论过的健康保险的例子，也属于这种情况。研究者希望准确地弄清楚每个被访者参加的是哪一类健康保险，之后根据参加保险的类别就可以分析被访者所接受的医疗保健的类别了。可是由于各式各样的健康保险种类繁多，弄得人眼花缭乱，大多数被访者不会准确分辨各类保险计划的专有名词。但是，只要是参加了健康保险的被访者，通常是知道自己所属的健康保险计划的具体运行程序的。因此，正确的做法不是问被访者保险计划的一些专有名词，而是让他们描述保险计划的具体运行程序，然后再对保险计划进行分类。

如上所述，问卷调查经常会问一些被访者不知道的信息。例如，由工作单位代交各种保险费用的人，通常并不确切知道自己每年缴纳了多少保险金；而在公费医疗体制内的人，一般也不会去关心自己所接受医疗服务的总成本是多少；很多蓝领阶层的就业人员，可能也不会关心自己所从事的工作所属的行业类别。研究者在设计调查问卷之前的初步工作中，一个很关键的步骤，就是弄清楚在这个调查所涉及的内容中，有没有被访者可能不知道答案的题目。问卷调查的内容最好限于被访者能够掌握，又愿意回答的范围。从研究所要达到的目标考虑，研究者如果希望了解一些被访者普遍不知道答案的题目，那么最好采用问卷调查以外的方式去搜集资料。

（二）忘记了相关事件的信息

接下来要讨论的是被访者经历过被问到的事件，但他自己已经忘了这类事件曾经发生过。对于这种情况，在设计题目时就应考虑采用什么策略，尽可能地让被访者回想起经历过的事件。有一点是可以肯定的：人们一旦亲身经历过某件事，就一定会对事件存有记忆。不过当事人对事件究竟能追忆到何种程度，要看事件与当事人之间的关联程度如何。对于那些发生不久的事件，或影响较大，特别是对当前有较大影响的事件，或发生模式比较符合当事人考虑事情的方式的事件，当事人就有可能回忆起来。也就是说，只有调查中的题目与被访者有较强的关联性，被访者才可能比较容易地回忆起题目问及的事件或事实。反过来，如果题目问及的信息，只与被访者生活中那些很琐碎、微不足道的事件有关，要想从被访者那里得到满意的回答就比较困难了。

前文那个移动电话的例子。一般说来，接听了几次电话这个事实，在个人生活中算不上什么大事，很难引起人们的关注，而且也很少有人在周日还能记起一周打过几次电话。所以，可以推断被访者会用平均值或典型值作为估计值来回答题目，而不会试着去回想后再加总。这种回答题目的方式，正是人们通常考虑题目的方式，这样研究者得到的信息也只是反映了人们的平均行为模式。如果希望得到有关手机消费的精确信息，就应该缩短题目涉及的时间周期，如询问在过去二十四小时内打出和接进手机电话的次数。即便如此，由于接听了几次电话这个事实太不为人所关注，因此由于记忆失误，还是会造成被访者的回答误差。

不难看出，为了减少记忆失误造成的回答误差，题目所涉及的事件或事实发生时间的长短，是需要特别加以注意的。有调查资料显示，当问及被访者过去一年内的住院经历时，被访者对前6个月住院经历回答的精确程度明显下降。当前一些调查研究，由于因果分析的需要，经常会采用回溯的方法，让被访者回忆自己的个人经历，对这样得到的资料的信度是需要特别加以注意的。严格说来，为了减少记忆失误产生的误差，历时分析最好能采用时间序列数据，尽可能少地使用回溯资料。

题目设计除了注意记忆的时间特点，也要考虑事件的重要程度对记忆的影响。一般说来，如果调查主题对于被访者来说不算什么大事，那么无缘无故地占用他的时间，就不会让他特别愉快。如果问及的题目又很琐碎，那么被访者不愿花太多的精力来回忆是自然的。在题目设计中，一项促使被访者更积极地回忆的策略是"增加题目的长度"。比较下面两个询问个人求职经历的题目：

（1）有谁为您获得这份工作提供过什么帮助吗？

（2）您的亲友和熟人为您获得这份工作都帮过些什么忙（如提供信息、向用工单位介绍推荐、在求职经费上给予帮助等）？

不难看出，在（2）中题目长度增加了，加入了一些限定性、引导性的简介材料，这使得被访者在回忆时，有了一些可以追寻的"路标"，从而减轻了回忆的负担。另外，增加题目的长度，不是把题目变得更复杂、更间接，而是通过较长一点的提问过程，使被访者有更大的余地去搜寻记忆。

除了增加题目的长度外，还可以采用"问多个题目"的策略，来增大被访者搜寻记忆的余地。用多个题目反复问及某个事件或事实，无疑可以增加被访者回忆起该事件的概率；另外，多个题目可能会触及一些与被访者所要回答事件相关的事实，从而使被访者通过记忆对相关信息产生联想。例如，上面有关求职经历的题目，可以改写成多个题目：

（1）您的亲友和熟人在您获得这份工作时有多少人帮忙打听信息、沟通情况或提供帮助？

（2）他们提供了与找工作有关的信息吗？

（3）他们还提供了其他帮助吗（如向用工单位介绍推荐、在求职花费上给予帮助等）？

利用多个题目刺激记忆的一个显见理由是，盯着同一个事件反复问，能够使得被访者不断挖掘自己的记忆库。这样他就有更多的机会搜寻到相关信息。

另外，为提升使用效果，多个题目要集中在特别容易被遗忘的事件上。例如，与"是否提供帮助"的信息相比，"提供帮助的人数"是比较容易被忘记的。如果让被访者回忆人数，就有可能触发一种难度更大的搜寻路径，进而引导他回忆起其他已经忘记的事实。又如，与"住院经历"相比，仅仅在医院住院治疗一天的经历，在访问中比较容易被忘记。因此，在题目设计中，如果特别向被访者提及是否有过住院治疗一天的经历，就更有可能促使被访者回想起其他的住院经历。

还有，多个题目也可以集中在希望了解的事件的一些可能结果上，事件的结果通常会给当事人留下比较深刻的印象，因此更容易激发起回忆。例如，被访者在接受过各种教育培训后，一般会获得某种资格证书。如果询问获得资格证书的情况，很可能就会激起被访者对自己教育经历的回忆。再如，如果被访者受到了罪犯伤害，那么通常会去报警或向保险公司申请理赔，因此问及这些报警或保险理赔的经历，就可能会使被访者开启对受害经验的回忆。

总之，个人对往事的回忆是有一定限制的，特别是对于那些在通常情况下，不太容易被回忆起的信息。但是，回忆对大多数被访者来说，也并不是完全无法触及的。如果在题目设计中,能适当顾及时间因素,同时采用"问多个题目"的策略,就能在很大程度上提升被访者的记忆水平,进而达到提高资料质量的目的。

(三)无法确认题目的时间框架

上面讨论了激发被访者回忆的策略,与此相关,被访者在回忆时,经常需要对事件进行时间定位。例如,在调查收入时,通常需要被访者确认他上一年的全部收入,这不仅涉及上一年12个月的工资收入,还涉及工资以外的收入,而此类收入时间并不规律,因此很容易在时间定位上出现误差。特别是对于那些发生在前10个月到12个月之间的事件,被访者更容易出现记忆上的失误。这里被访者的困难是双重的,因为他不仅要回忆起是否有此类事件发生过,还要判断事件是否发生在前12个月以内。

如何帮助被访者对事件进行时间定位?一个基本方向是尽可能为被访者提供一些时间参照点。一个简单的方法是在设计题目时,同时准备一份时间参照表或年月表,在访问时将题目和参照表出示给被访者,请他将自己或家人比较重要的生命事件(如生日)填入表内,进而通过参照表上日期的特殊意义,帮助被访者回忆事件发生的时间。例如,如果要了解的是被访者过去一年内的收入情况,那么可以让他回想一下,一年前他住在哪里,日子过得怎么样,有没有什么重要事件发生。一旦被访者能够回忆起一些与过去一年相关联的重要事件,就有助于他构建一个比较清晰的时间界限,这时确定某项特别的收入是发生在这个时间界限之前还是之后就比较容易了。

除了让被访者填写参照表外,还可以将与题目有关的时间界限内的重大社会事件的发生时间排列成参照表,在访问时出示给被访者,帮助其对事件进行时间定位。例如,在一项有关收入的事件史研究中,需要测量被访者收入变化的发生时间。研究者注意到在(中国)计划经济体制中,个人工资收入的变化,在很大程度上受到国家工资政策的影响。因此,在访问中,当被访者回忆工资变化时间有困难时,研究者建议访问员提示被访者国家历次工资调整政策的发生年份。在实际操作中,的确有很多被访者参照国家工资调整政策发生的年份,回忆起了自己的工资变化的时间。

进行时间定位的另一种策略是进行两次或两次以上访问,为被访者具体构造出时间界限。具体做法是,在第一次访问中,预先告知被访者,下一次访问会问他两次访问之间发生的事情;然后在下一次访问时,统一向被访者询问两次访问间发生了哪些事情。

这种访问设计，最大的好处就是能清楚地构造出时间界限，第一次访问虽然并没有构成被访者生活中的什么大事，但有一定的认知意义。另外，根据第一次访问中被访者对事件的报告，还可以对下一次访问中的报告进行检验；再有，被访者由于已经预知将要报告的事件，因此会对此类事件多加留意，如以日志的形式，记录下类似日常食物消耗或小额开支等一些更为详细的资料，这可以很好地提高资料质量。这种访问设计，由于是多次访问，因此其成本比单次调查要高许多。如果要求被访者记日志，就会进一步加大调查成本。

四、减弱社会遵从效应

在调查访问中，被访者除了遗忘，还可能会故意隐瞒事实或夸大。这么做的目的，一是使自己在他人眼中更符合一般的社会期望，二是回避可能对自己构成威胁的答案，三是满足维护自我形象的需求。被访者扭曲性的回答，反映出一种社会遵从意愿，即尽可能地使自己的答案接近社会认可的"正确答案"。这种扭曲会极大地降低回答的正确性，因此研究者应采取相应的对策，来减少社会遵从效应的影响。

（一）给敏感题目提供背景信息

在访问中，对一些敏感题目，如询问酒后驾车等的经历，被访者通常不愿意如实回答。显然，此类题目可能会给被访者带来负面影响；相反，访问中的有些题目，虽然看起来不那么敏感，如问有没有图书馆的借书证，但许多被访者对此会进行夸大，从而使图书馆借书证的拥有率高于正常值。出现这种情况，主要是因为这些被访者认为做出不符合实际的答案，会暴露出自己不足的一面，被人认为文化水平不高或者不热爱阅读。于是被访者就扭曲自己的答案，使自己看起来更符合一般的社会期望。

对于此类议题中的社会遵从效应，对策是给题目加上必要的简介，向被访者进行必要的解释，或提供一些背景信息，促使其提供正确答案。比较下面有关借书证的题目：

（1）您有图书馆的借书证吗？

（2）人们除了会自己买书、订杂志外，还用其他方法来获得阅读材料，包括从图书馆借书看。请问您目前有还是没有图书馆的借书证?

前一个题目的设计,很容易让被访者倾向于认为,回答"有"更符合研究者的期望,因为这里负面的选择"没有"甚至没有出现,人们在回答这种题目时,选择"有"要比选择"没有"容易得多。后一个题目的设计,修正了两点:一是通过简介,为被访者提供了一些社会认可的没有借书证的理由,进而为被访者没有借书证提供了合法性。回答"没有"可能只反映了一种阅读习惯上的差异,并不必然会被诠释成对阅读没有兴趣。二是在提供答案"有"的同时,还提供了"没有"这一答案,正反两种选择都出现在答案中,这使得被访者无法以此为线索,判断研究者的期望。

(二)设计辅助题目

除了在题目中直接加简介,还可以设计一系列辅助题目,让被访者先提供一些背景信息,然后再正式回答题目。例如,比较下面与吸烟有关的题目。

您通常一天吸几支烟?

被访者可能并不喜欢回答这种题目,因为在当今社会,吸烟被普遍认为是一种不利于健康的嗜好。一般被访者会揣测,研究者心中"过多"的吸烟数量是多少。为了减少受到负面评价,他们会倾向于保守估计,把所回答的吸烟数量降低一点。对此研究者可以设计一些辅助题目。

(1)一般说来,您吸烟吸得比您的朋友们多,还是少,还是跟您的朋友们吸的量差不多?

(2)请想一下您所知道的朋友里面,谁吸烟吸得最多? 您的这位朋友通常一天大概吸几支烟?

(3)您自己呢? 您通常一天吸几支烟?

不难看出,由于有了前面两个题目,被访者就能提供一些背景信息,这多少反映出在他自己所处的社会环境中,一天吸几支烟才算"过多"。这一系列题目,也使得被访者有机会至少报道一名比自己吸得还多的朋友,有了做"垫背"的,被访者再如实报告自己的吸烟习惯也就容易多了。

（三）调整答案详略程度

研究者大概都会同意，问收入可能是最令人沮丧的，因为人们普遍认为，收入是个人隐私，不该与其他人分享谈论。解决这个难题的一种策略，是设计比较粗略的答案类别，供被访者选择。因为，在粗略答案中选择，要比在详细答案中选择，被访者感到的压力更少，社会遵从效应更小。比较下面与收入有关的题目：

（1）如果计算时精确到千元，您的年薪是多少？

（2）您的年薪是低于1万元、在1万到3万元之间，还是高于3万元？

与例（1）相比，例（2）的答案提供的信息较少，但也正是由于涉及的个人信息较少，多数被访者会感到，后一个题目回答起来压力小一些，因此更有可能提供比较正确的答案。

在实际访问中，为了弥补信息不足，经常先以例（1）那样较粗的分类形式，来问被访者的收入状况。当被访者回答收入范围后，再追问一两个题目，将原来较粗的分类再细分。例如，对于上面那些回答收入"低于1万元"的被访者，就可以进行下面的追问：

您的年薪是低于5000元、在5000~8000元之间，还是高于8000元？

不难看出，被访者在回答两个各含三个选项的题目时，这些答案选项实际上可以归类成9个收入等级。

以上例子表明，对收入这样比较敏感、涉及个人隐私的题目，问得粗略比详细要好，因为这样可以减轻被访者的负担，获得较高的成功率，得到较正确的答案。但要注意的是，答案越详细，搜集到的资料越多，在资料分析时的自由度也越大；放宽答案类别，是以牺牲信息含量为代价的。而且在有的情况下，即使放宽了答案类别，也未见得就能降低社会遵从效应。比较下面有关饮酒的题目：

如果您喝酒，通常一天里会喝一杯、两杯、三杯，还是更多？

被访者根据题目对答案的分类，可以合理地推论出"三杯"或"更多"是研究者认可的最高分类，如果不想让别人认为自己贪杯的话，最好不选这个最高类别。不难看出，题目对答案的分类已经传递出研究者将如何评价被访者答案的有关信息。

如果您喝酒，通常一天里会喝一两杯、三四杯、五六杯，还是七八杯？

应该不难猜想，同样的被访者对这道题目，回答"三四杯"的人，会比前一题回答"三杯"或"更多"的人多出许多。因为在前一个题目中，"三杯"或"更多"是最高类别；而在后一个题目中，"三四杯"只是一个中间类别。在这道题中，研究者认为有的人常喝七杯或更多。也就是说，答案类别给被访者提供了信息，使他们有可能猜想答案的最佳范围在哪里。

其实，在设计这种题目时，无论怎样设定答案类别，都显得过于主观，最佳的设计莫过于不事先给出答案类别，用开放题形式来问被访者，让他直接给出数字就行了。由此看来，究竟要不要事先给出答案类别，给出答案的详略程度，需要针对具体题目具体分析。

（四）采用随机回答法

当调查员问到那些特别受到社会反对，或是违法的行为和事，这些题目可能会让被访者处于失去工作甚至被起诉的危险。这时即使访问员保证答案被揭露的机会很小，被访者也宁可选择扭曲回答，而不会冒险给出正确答案。对此有一种随机回答的方法，可以从总体上获得有关信息。

需要指出的是，随机回答法在调查访问中并不是很常用的。一个原因是这项技术比较复杂，操作起来有一定难度，所以使用起来特别费时间。访问员不仅要逐个地向被访者解释如何操作这项技术，还要使其相信，没有人能将某个特定的被访者与某个被报告的行为联系起来。另一个原因是不相干题目的设计比较困难，为了让人觉得可信，既不能选择发生机会很小的题目，也不能选择让人觉得可能暴露隐私的题目。再有，这种技术不能进行个人层次的分析，只能针对总体得出结论。

第三节 主观状态题目

事实和行为题目设计的关键是使答案尽可能真实，因此讨论的重点是得到正确答案的方法。与此不同，主观题没有外在的客观标准来评判答案的对错，答案没有绝对意义，彼此之间只有相对意义。因此，主观题设计的关键在于刺激的标准化，即让所有被访者回答相同的题目，对题目有一致的理解。本节将先分析主观状态测量的特点，以及主观题设计的标准化原则；然后讨论在不同类型的主观题中，标准化刺激的具体实现方式。

一、主观测量与标准化

所谓主观题是指对人们主观状态的测量，即测量人们的态度、情感、意见、判断、意向等。在上面有关客观事实题目的讨论中提到，即使题目涉及的事件很复杂，只要能通过对概念或术语的界定说清楚题目是什么意思，并将有关定义以一致的方式加以传达，而且所设计的题目可以让人有能力也愿意回答。这样得到的答案就可以通过与实际记录的对比，知道正确与否。也就是说，对客观事实题目的测量，由于存在可以与之比较的客观标准答案，因此答案能够获得绝对的含义。

与对事实和行为的测量不同，在对主观状态的测量中，答案只是一种主观陈述，被访者的主观状态究竟如何，只能靠他们答案的内容来推论，并不存在一个可以判断答案对错的客观参照标准。根据题目答案所肯定的陈述，只能用来进行相对比较。例如，在询问人们的感觉时，可以说这群人报告的感觉，比那群人报告的正确一些；也可以说这群人今年报告的感觉，比前一年报告的正确一些。但仅根据主观测量，就说人们普遍认为自己的健康状况是良好的，或说人们普遍对犯罪率的升高存在恐惧感，可能就不太恰当了。因为，当人们用一个量表来测量自己对犯罪的恐惧或对自己健康状况的感觉时，并不存在上述那种绝对的标准来确保这种测量能够得出能进行判断的"好"答案。也就是说，在主观测量中，题目的答案是相对的，没有绝对的含义。

有证据显示，主观测量的答案，会随着题目本身的用词和问法而受到很大的影响。题目的形式不仅会影响到答案的效度，也会影响到答案的分布。对答案效度的影响，是所有题目设计普遍存在的；但对答案分布的影响，则是主观测量所具有的。从主观测量得到的答案分布是相对的，没有绝对意义；答案分布的变化不会影响答案的效度。例如，在用"非常同意"到"非常不同意"的五分类量表进行测量时，如果答案选项的排列以量表中负的那一端开头，则被访者可能较多地选负的选项，这样测量得分的平均值就会降低；反之亦然。如果将这个题目当作指标来用，它的效度不会因为答案选项的排列方式的不同而变化。从两种排列方式得到的不同被访者之间的相对差异，可能与其他原本就应该相关的测量指标之间，能呈现同样良好的相关性；相关性反过来又可以证明两种题目形式同样有效度。

由此看来，主观测量的评判标准，就是看它提供多少有效信息，使访问人对被访者之间的相对位置进行了解。如果把主观测量的结果当作具有绝对意义的资料来使用，就是对主观测量的一种误用。例如，前面提到的"人们普遍认为"这种提法，如果不对其进行任何限定性说明，就可能导致一种误解。因为，这种陈述背后所反映的事实，其实只是多数被访者对特定题目中若干选项的选择；如果针对同一议题变换刺激的方式，那么同一群被访者就可能产生完全相反的答案分布，进而研究者对该议题得出不同说法。

同时，需要补充说明的是，在主观测量中，"偏误"的概念是没有意义的，这里偏误的含义是对真实得分的系统性偏离。虽然在主观测量中，只要将题目本身的用词和问法、答案选项排序，或将与资料搜集有关的其他事情略加改变，题目答案的分布就可能朝正向或负向发生变化。但由于主观测量没有真实的得分，因此无论答案分布偏向哪一边，都不会构成偏误；而且在用主观测量结果进行相对比较时，由于不同群体的资料都是以同一种方式搜集的，因此测量偏误在比较中是没有影响的。

由于没有客观标准可以用来评判主观测量的答案的正确性，因此在主观状态的测量中，题目及答案的标准化就成为题目设计的关键。一项策略是设计能以标准化方式进行测量的题目，使所有被访者对题目有一致的理解。因为只有在刺激一致时，被访者不同答案间的差异才是他们态度之间的差异。也就是说，被访者只有在同一条起跑线上出发，跑出来的结果才能反映出他们真实的差异。另一项策略是尽量做到答题方式的标准化，即答题方式应让所有被访者能够一致地执行。也就是说，要清楚地界定被访者用来评定顺序的连续量表，并确定一个合理的方式，使被访者能将自己或所要评定的任何事物，在这个连续量表上进行定位。

在调查实践中，前面介绍过的"是/否"选择、"评定尺度"和"语义差异"，是这种连续量表经常采用的形式。一般说来，被访者选用越多，测量效果越好。另外，把几个题目的答案组合起来构成指数或量表，也是经常用来增强测量效度的有效方法。下面将在不同类型的主观题设计中，具体讨论如何实现测量的标准化。从内容上看，测量主观状态的题目可以被划分为：被访者对人或事物的评价、被访者对某种观点的看法、被访者对自己某种知识状况的主观叙述。

二、对人或事物的评价

被访者对人或事物的评价是经常被调查的项目。此类评价可具体分为以下几种：首先是对他人或某个具体事实的评价，如被访者对医生的态度、和善程度的评价。其次是对自我感受的评价，如被访者对自己生活快乐程度的评价。最后是被访者将自己的状态与某种标准进行的比较，如被访者将自己的体重与普通人的体重标准的比较。构造这样的主观题目，需要注意三点：界定清楚评价对象、选取适当的回答模式，以及弄清楚回答模式的特征。

（一）界定清楚评价对象

在调查中，被访者的来源是多种多样的，因此对要评价的人或事物的理解，也可能是多种多样的。所以设计这类题目，要特别注意界定清楚评价的对象是什么，要确认每个被访者是在评价同样的对象。有关健康的调查经常要求被访者对自己的健康状况作出评价，例如：

您对您的健康状况如何评价——很好、好、一般、差、很差。

此题目无疑让被访者的回答是他对自身健康状况的认识，这里并不需要将这种认识与某个客观标准进行比较，以判断被访者认识的对错；重要的是要认识到，被访者对题目中"健康"的含义的理解，可能不尽相同。也许有的人比较看重健康的表现形式，而另一些人则更注重自己认为健康的程度，还有人看重的是生活方式的健康程度，等等。不难看出，对健康的感受虽然彼此相关，但还是存在差异的。需要注意的是被访者对"健康"含义的理解越是标准化，因为对概念理解不同而产生的变异就越小。这时被访者之间由于判断不同而产生的真实差异，就会在调查结果中占据主要地位。

有关犯罪题目的调查经常会要求被访者对当前犯罪状况的严重程度作出评价，例如：

您对当前社会上的犯罪状况如何评价——严重、比较严重、一般、不太严重、不严重？

与"健康"相比，被访者对"犯罪"的理解可能出现的差异会更大些，如人们通常不把计算机犯罪、金融诈骗等智力型犯罪，与持械抢劫、人身伤害等暴力型犯罪相提并论。另外，在询问有关犯罪的题目时，交代清楚题目所涉及的地域范围是很重要的，人们的视野通常是按邻里社区、城市、地方区域和国家的顺序伸展的。邻里社区的犯罪状况，可能会对被访者的判断有很大影响。因此，当题目涉及更大的地域范围时，一定要交代清楚。总之，要想获得好的测量，就要先清楚地说明所要评价的目标，让被访者能有一致的理解。

（二）选取适当的回答模式

在测量对人或事物的评价时，在一个由正向到负向的连续量表上，为测评对象找一个位置，是最常采用的回答模式。例如：

（1）您对您的健康状况如何评价？（很好 好 一般 差 很差）

（2）如果用数字来代表您的健康状况，10 表示最佳，0 表示最差，0~10 之间的数字，表示最佳和最差之间的状况。那么目前您的健康状况可以用哪个数字来表示？（10 9 8 7 6 5 4 3 2 1 0）

从形式上看，上面两个题目在连续量表的使用上略有差异，一个题目有 5 个答案选项，用形容词来标明选项；另一个题目则设置了 11 个答案选项，用数字来标明选项。尽管有这些不同之处，但在设计上，两个题目都符合两条基本原则。第一条原则是连续量表必须界定一个单一维度的答案选项。下面是一个违反该原则的例子。

您如何评价您的老板？（宽容且能力强 宽容但能力弱 不宽容但能力强 不宽容且能力弱）

这个答案选项中包含了两个维度："宽容"和"能力"。尽管这组答案在设计上，希望涵盖两个维度各种可能的组合，但两个维度都只有两个类别，这使得量表的分辨率减弱。一般说来，让被访者同时处理两个维度是不恰当的，好的设计应要求被访者在一个界定良好的单一维度上，充分地表述自己的评价。

第二条原则是顺序测量假设：把自己归在较高类别的人，要比把自己归在较低类别的人，更倾向于选择比较正向的答案选项。下面的例子可以对这条原则作出说明：

您觉得您的老板怎么样？（很满意 有些满意 满意 不满意）

按题目设计,"有些满意"是比"满意"更高、更具有正面意义的类别,但这不排除有许多观察者会认为"有些满意"是比"满意"更低、更具负面意义的类别。如果有些被访者作出了与上述观察者相同的判断,有关回答顺序的假设就没有得到满足,这将在测量中造成严重的信度问题。在使用形容词来标明选项时,比较容易产生含混的答案顺序。

(三)弄清楚回答模式的特征

除了以上两条原则外,在设计题目时,还可以对下面的特征进行选择。

1.答案选项数目

就答案选项的数目而言,选项的数目越少,访问者和被访者的操作难度就会越小。但对于研究者来说,这并不一定是件好事。因为,选项的数目越少,每个题目所能提供的信息也会越少。例如,如果上面在测量健康时,只提供"好"与"差"两个答案选项,那么根据访问结果,可以将被访者的健康状况分成两类,其中回答"好"的被访者,比回答"差"的被访者对自己的健康状况有更正面的评价,但是除此之外研究者无法获得其他相关信息。不难想象,同样是回答"好",不同的被访者感觉自己健康状况的良好程度,很可能存在着相当大的差异;而仅提供一个回答选项"好",是无法捕捉到这种感觉上的相对差异的。

另外,从答案分布的角度看,如果答案选项太少,被访者大多持某个特定方向的答案选项的话,那么调查结果对了解总体的情况是没有什么价值的。例如,如果有90%的被访者认为自己的健康状况"好"。那么,除了能知道总体中有少量被访者,即10%回答"差"的被访者的健康状况与大多数人不一样外,仍然不知道总体的大部分,即90%回答"好"的被访者彼此之间健康状况有什么差异。

从上面的分析不难看出,在设计答案选项时,有两点是需要注意的。第一,选项不能太少,要想获得更多的有效信息,多一点选项要比少一点选项好。较多的答案选项,能提供较多的信息,使研究者能更多地了解被访者评价的相对位置。第二,答案选项设计得是否合适,关键要看其是否使被访者的选择在各个选项之间得到了比较广泛的分布,一般说来,分布得越广泛越好。虽然较少的答案选项也能使被访者有均衡的分布,例如,在有两个选项时,50%对50%的分布。但通常答案选项较多,被访者就更容易有广泛的分布。

不过在设计答案时，也要注意答案选项并不是越多越好，因为答案选项的数量受到两点限制。第一，被访者对选项之间差异的分辨力是有限的，选项越多，彼此之间的差异就越小。所以，一旦选项超过一定数目，被访者就很难清楚地分辨了，从而也就无法提供更有效的信息了。研究表明，如果答案选项超过10个，所能增加的有效信息，就十分有限。大多数被访者能够有效分辨答案选项的数目，通常在5到7个之间。第二，被访者的记忆力也是有限的。这一条主要与电话访问有关。因为，电话访问不像当面访问和自填问卷，被访者无法看到答案选项的清单，只能通过记忆来回答。如果答案选项很多，被访者就无法完整地记住全部答案选项，这样在回答时就会出现失误。研究表明，被访者通常更容易记住第一个和最后一个选项，对中间选项则记得不太清楚。所以在电话访问中，最好采用只有3个或4个答案选项的量表，确保被访者在回答题目时，能比较容易地记住所有的答案选项。

2.答案选项的表述形式

上述例子表明，形容词或数字都可以用来标明选项。两种表述形式都有优点，也都存在不足。用形容词来标明，比较容易形成更一致、更有效的测量。这主要是因为在用数字表示时，只有选项尺度的两端有文字说明，中间选项缺少说明，这样中性点的意义就不那么清晰。很难说当某人的正向感觉大于负向时，他就一定会选择6或更大的数字。换句话说，在用数字来标明选项时，很容易使人将量表理解成一个温度计的零上部分，虽然实际上经过中性点已转向了负向评价，但仍让人感觉是在评价正向的程度。

数字标明方式的一种变化，是用"－5到+5"的量表形式，来代替"0到10"。这时中性点"5"的位置，代之以"0"；与前一种形式回答6或更大的数字相比，后者更可能作出正向评价。而且两种形式的答案分布也不一样。由此看来，清楚界定中性点的意义，可以改进测量的一致性程度，因此在选项不多的情况下，最好用形容词标明选项。

尽管形容词有利于测量的一致性，但在选项较多时，很难想出十分恰当的形容词来标明选项。因为，文字的表现力是有一定局限性的，选项一多，表示彼此差异的形容词听起来就会很类似，被访者也就没有分辨力了。另外，形容词除难想外，也很难在不同语言之间精确翻译。这使得形容词形式在跨国、跨文化研究中受到一定限制。而数字形式则没有这些限制。

此外，与形容词相比，数字比较容易记忆，也比较容易操作。这个特点在电话访问中比较明显，因为在有限的通话时间里，很难让被访者记住5个或6个形容词，并进行贴切的差异比较。但如果是用数字来界定答案选项，记忆和操作就简单多了。因此，在电话访问中，如果有很多答案选项，就应选择数字形式的量表。这可以极大地提高访问资料的信度。

三、对某种观点的看法

被访者对某种观点或政策的态度，是另一类被经常涉及的调查题目。此时被访者并不是在连续量表上给评价对象定位，而是考察题目中的观点是否与自己的观点一致，或对题目中的观点与自己观点之间的差距加以考察。构造此类题目同样需要先明确供比较的观点，然后提供合适的回答模式，最后分析回答模式的特征。

（一）明确供比较的观点

与评价事物一样，在让人表述对某种观点的看法时，也要注意题目的标准化，即让被访者对题目有一致的理解，并有能力完成答题的过程。例如：

请问您赞成还是反对全民社会医疗保险计划？

社会医疗保险可以通过多种方式来实现，既可以由政府完全包下来，也可以动员政府和社会两方面的力量来实现。但上例的提问方式，被访者想到的"社会医疗保险"的实现方式，可以随着每个被访者的理解不同而不同。因此，对于此类题目，研究者应该更加详细地交代一些计划细节，使得被访者在理解题目含义时的差异减至最低，进而更有效地测量到被访者的真实观点。

与上面有研究者界定需要比较的观点不同，在有些情况下，由被访者自己对需要比较的观点进行界定，反倒是一种比较合理的选择。这一点与评价人或事物时的做法不同。例如：

您认为全民社会医疗保险计划应该涵盖个人或家庭问题吗？

在这个例子中，"个人或家庭问题"在题目里并没有被界定。但这样做并非没有道理，因为个人问题的性质有很大差异，对一个人构成问题的情形，在另一个人那里可能就算不上问题，因此要全面界定构成个人问题的要素是相当困难的。正因为如此，让被访者自己去界定个人问题，不失为一种明智之举。对此，只要研究者在分析资料时，心里明白每个被访者所考虑的个人问题是由相当异质的客观环境构成的就可以。

除此之外，还需要注意的一点就是要避免把两个议题挤在一个题目里，防止出现所谓的双重含义题目。例如：

当前城市环境污染越来越严重，应该有更多的经费投入到城市绿地的建设和养护中。您同意这种看法吗？

不难看出，这个题目就是一个双重含义题目。人们或许同意对环境状况的判断，但并不一定就认为城市绿地是解决污染的办法。有的人即使同意对污染的判断，也可能不赞成扩大绿地的建议。把两个议题放在一起，可能就很难理解被访者的答案究竟是什么了。因为这时题目中实际发生的是两个比较过程，究竟被访者完成的是哪一个，研究者是无法根据一个答案来判断的。

（二）"同意/不同意"

要为被访者提供合适的回答模式，就先要分析一下被访者在被问及对某个观点的看法时，会采取何种回答策略。例如，在环保调查中，经常会问及有关核污染的问题：

请问您是同意还是不同意"大力发展核能源"这种观点？

面对这个题目，被访者最常见的选择策略可能是先考虑一下这个政策选择与自己的观点是否是一致的。如果是一致的话，他就会表示这是自己赞成的政策；反之则会表示不同意。除了上面这种常见策略，被访者也可能会有其他选择。例如，在一项与税收政策有关的调查中，有这样的题目：

提高税收通常会损害富人的利益，而使穷人受益。请问您同意还是不同意这种说法？

这个题目涉及抽象原则，通常人们在面对此类题目时，更愿意持有一种比较温和的态度，或者说很少走向某个极端。那么，当被访者被要求必须在同意和不同意之间作出二分选择时。他通常会将自己的观点，与题目中的说法进行比较，然后再看二者之间的差距如何。也就是说，被访者是在对自己的观点与另一种说法之间的差距加以评价。

基于被访者的以上回答策略，"同意/不同意"可能是比较恰当的回答模式。"同意/不同意"模式的一种更加妥当的表述形式是：

完全同意　同意　不同意　完全不同意

以上表述将回答限定在认知维度，符合主观题设计原则中维持单一维度答案选项的要求。但有些"同意/不同意"模式的表述是不满足这一原则的，例如：

强烈地同意　　同意　不同意　强烈不同意

这种表述实际上包含了两个维度。其中"强烈地"这一用语，暗示出一种情绪化的成分，它蕴含着对答案的一种信念与关怀，而这已经超越了认知维度。在调查访问中，询问被访者对某种观点的看法，实际上是在获取信息，是一种认知。带有情绪化成分的答案，就不再是单纯的认知，而是引入了价值判断维度。

在设计"同意/不同意"模式时，另一个选择是决定是否提供中间选项。对于被访者来说，中间选项可以减轻回答时的压力。因为，在访问中，有些被访者会觉得自己正反意见的强度差不多；另有一些被访者则对某种观点有些同意，又有些不同意，拿不定主意到底如何进行平衡；再有一些被访者可能对题目含义不太了解，或不太清楚自己的意见。这几种被访者自然是欢迎中间选项的。但要注意的是，如果太多的被访者选择了中间选项，是不利于资料分析的。因此，要设计一些方案，来区分选择中间选项的被访者，特别是要将最后一种类型的被访者甄别出来。

四、知识状况的调查

对被访者知识状况的调查，是另一种形式的主观测量。知识状况调查的一个直接目标，是甄别出那些认为自己对某项议题比较熟悉的被访者；然后通过分析比较，看看这些自认为熟悉议题的被访者，与其他被访者在想法或行为上有何差异。需要说明的是，知识状况的调查与事实调查不同。在事实调查中，被访者答案的对与错，是一种客观事实；而在知识状况的调查中，无论答案是对还是错，反映的都是被访者的知识状况，因此知识状况调查是一种主观测量。

可以采用多种方式来测量知识状况，其中以"多重选项"或"对/错"形式设计题目，是比较有效的方法。例如：

问以下仪式哪一个是基督教的仪式，是剃度、受洗、朝觐还是晨礼？

这种形式的题目来测量被访者的知识状况，有三个共同特点。第一，题目测量的是能否识别的能力，而不是回忆。从认知的角度看，识别出来要比回忆起来容易一些。当你看到或听到一个词语或名字时，你可能就会想起来是认识的；但如果没有提示，你可能就想不起来了。第二，测量效果在很大程度上依赖于那些看起来真实、其实错误的干扰选项。特别是干扰选项的难度，甚至能直接影响分辨效果。这就像考试一样，题目难，成绩就差；反之亦然。不过，干扰选项太难，可能会导致被访者的知识状况被低估。第三，测量效果同样也受正确答案数量的影响。为了达到一定的分辨水平，正确答案数要比被访者通常可能知道的数量多一些。

除了"多重选项"或"对/错"形式，还可以采用开放题来测知识。开放题的优点是完全没有"假"的正确答案。由于选择题为被访者提供了答案选项，因此即使随便猜，也会有一定的概率猜中正确答案。假如存在55%的人答对了一个"对/错"形式的题目，那么一个比较极端的可能结果是，只有10%的人是真的知道正确答案而答对的。因为，对于"对/错"形式而言，如果有45%的人答错了，那在55%答对的人中，就有可能有45%是猜对的。而开放题就不存在这样的问题，被访者除非真的知道答案，否则是写不出来的。开放题的缺点是可能会导致被访者的知识状况被低估，因为有些被访者如果时间充裕，就很可能可以写出正确的答案。

第四节　指数与量表

在调查访问中，事实和行为题目比较具体直观，单一指标测量往往就能涵盖全部意义。相比之下，主观状态题目要复杂一些，人们对其含义的理解经常会产生差异。这时如果能采用多个指标进行测量，通常能收到比较好的效果，而指数与量表则是实施多个指标测量的有效工具。除此之外，指数与量表也是经常用来测量抽象概念的有效工具。本节将介绍指数与量表的概念，以及常用的指数和量表的构造方法。

一、多个指标测量

在调查访问中，与单一指标测量相比，多个指标测量具有两个显著的优点。首先，多个指标所涉及的范围要比单个指标大了许多，因此能实现更加详细的测量目标。而在测量目标不变的情况下，多个指标测量能大大减轻被访者的负担。其次，在多个指标测量中，由于最终测量结果反映的是多个指标的特点，因此减少了结果的变异性，进而提高了测量质量。

多个指标测量的一个典型例子是格特曼量表，它是格特曼（Louis Guttman）于20世纪40年代设计出来的。下面是格特曼量表的一个例子（见表3-2）。

表3-2　格特曼量表实例

你赞同以下说法吗？		
（1）对于我的孩子来说，取得成功是对作为父母的我所付出的努力加以回报的唯一方式	同意	不同意
（2）上一所好的大学并且找到一个好的工作对我的孩子的幸福是非常重要的	同意	不同意
（3）如果一个人已经取得了他或她的教育或物质目标，幸福就更可能实现	同意	不同意
（4）在传统价值观中，关于成功的诱惑力并不是对真正的幸福的一个障碍	同意	不同意

按照格特曼量表测量的理想状况，同意后一个题目的人，就应该也同意前一个题目。也就是说，同意好学校、好工作对子女的幸福来说很重要的人，自然也会同意题目（1）中对子女成功的理解。同意题目（3）的观点，自然也就同意题目（1）（2）的观点。于是，这些指标中的每一个，都界定了这个连续量表中的某一点。也就是说，格特曼量表的指标之间存在着强度结构，这是该量表的基本特征。

另一种多个指标测量的指标之间，并不像格特曼量表那样设定有强度结构。例如，在测量个人气质时，由于气质是个包含了个人的谈吐、仪表、待人接物、修养造诣等多方面含义的复杂概念，因此可以设计多个指标来测量。这种多个指标构成的指标群，通常被整合为某种指数。也就是说，利用指数这个工具，可以通过综合多个指标得分，最终反映出此人的气质状况。

如上所述,指标和量表都是对抽象概念进行复合测量,即基于一项以上资料的测量。但是,指数和量表的得分方式是不一样的:而指数是根据被测量对象选择指标的多少,给予不同的得分;量表是根据被测量对象对题目的回答强弱程度,给予不同的得分。从使用频率看,指数比量表运用得更加频繁。这主要是因为根据已有的资料来建立量表的难度较大,有时甚至是不可能的,而已有的成熟量表又不多。相对来说,建立指数的技术则相对简单一些,建立指数对资料的要求也不那么苛刻。另外,建立指数和量表的逻辑,从原则上讲并不冲突。一个细致全面的指数是可以被转化为一个量表的。

二、指数的建立

指数的建立包括以下几项技术:首先是选取指标的方法,这需要对指标进行表面效度检验和相关性分析;其次是对指标分值进行加权的技术;最后是处理缺失值的方法。下面介绍每一步骤的具体细节。

(一)指标的选取

建立指数的第一步是选取符合标准的指标。首先,要尽可能挑选表面效度较高的指标。如果是建立大学综合质量指数,"学校的师生人数比"就是比"教师参与社会公众活动的比例"更具有表面效度的指标。其次,要对不同指标进行相关性检验,如果两个指标之间完全没有相关关系,如"图书馆藏书量"与"每星期慢跑次数",就表明这两个指标代表的不是同一个变量。因此,如果某个指标与其他所有指标都不相关,就应将这个指标排除。同时,如果两个指标之间完全相关或有非常强的相关关系,如"受教育年限"与"获得学位证书等级",就表明两个指标的意义相同,因此只需保留其中一个指标就行了。

(二)指标的加权

在按一定标准选定指标后,要进一步考虑每个指标在指数构成中的分量如何,也就是考虑加权问题。加权是给指数中的某些重要指标赋以特殊的分量。除非你有充分的理由，否则应给予各项指标相同的分量，即给每个指标以相同的权重。下面通过一个例子来进一步说明加权问题。

假定你对大学综合质量感兴趣，希望构建一个大学综合质量指数。你分别从重点大学、非重点大学和专科院校中，各挑选了一所大学进行调查研究，最后决定采用6个指标来代表大学的综合质量。表3-3是你的调研成果。

表3-3　大学综合质量调查结果

指标	重点大学 未加权	重点大学 加权	非重点大学 未加权	非重点大学 加权	专科院校 未加权	专科院校 加权
(1)教师与学生人数比	-14	-14×2	-18	-18×2	-30	-30×2
(2)硕士以上学位教师的百分比	80	80×2	80	80×2	60	60×2
(3)学生人均拥有的图书馆藏书量	300	300×1	309	309×1	360	360×1
(4)未能获得学位学生的百分比	-8	-8×3	-10	-10×3	-12	-12×3
(5)毕业后读更高学位学生的百分比	14	14×1	16	16×1	1	1×1
(6)教师平均发表学术论文数	8	8×3	3	3×3	1	1×3
综合质量得分	380	446	380	428	380	388

表3-3中的正负号代表指标的作用方向。对于正号而言，数字越高，综合质量越好；对于负号而言则刚好相反。经过研究分析，6个指标在指数中的分量是不一样的，其中教师平均发表学术论文数和未能获得学位学生的百分比最为重要，其次是教师与学生人数比和硕士以上学位教师的百分比，最不重要的是学生人均拥有的图书馆藏书量和毕业后读更高学位学生的百分比。按此重要性顺序加权，分别给予三个等级3、2、1的权重数。

从表中可以看到，在未加权时，重点大学、非重点大学和专科学校的综合质量得分完全相等；但是，加权后，重点大学的综合质量得分上升到了第一，而专科院校则退居末尾了。也就是说，加权能够直接影响到调查研究的结果。虽然以上数据是为了示范而虚构的，但是对加权与不加权情况的比较，可以显现出加权的重要性。

（三）处理缺失值

无论是用何种方法收集到的资料，都会出现数据缺失的情况。但是，数据缺失对建立指数的影响较大，因为指数是由多个指标综合而成的，所以只要有一个指标因被访者拒答而产生数值缺失，就可能影响整个指数的信度和效度。下面介绍几种处理缺失值的常用方法。

第一，如果数据中缺失值占的比重不大，如在 3%~5% 之间，可以考虑删除那些含有缺失值的被访者。在这里需要考虑的问题，一是剩下的数据还能否满足统计分析的需要；二是删除一些被访者是否会使样本代表性产生偏差，从而影响到分析结果。

第二，如果指数有多个指标，可以考虑用已有数据的平均值，来代替缺失值。假设研究者用一个由 10 个指标构建的指数，对 100 名被访者进行了测量，其中有 8 名被访者没有回答第 3 个指标。这时可先算出 92 名回答者第 3 个指标得分的平均值，用该平均值去填补 8 名被访者的缺失值。同理，可以同样处理其他指标的缺失值。但是，需要注意的是，当指标太少时，最好不要用平均值方法。

第三，在大样本和指标较多的情况下，还可以用随机方法给缺失值赋值。虽然从个别被访者的角度看，随机值可能与实际情况有较大的出入，但相对于抽样总体而言，这种无序的偏差基本上会自我抵消。

三、总加量表

最常见的总加量表，是由美国心理学家伦西斯·利克特（Rensis Likert）在 20 世纪 30 年代设计的量表形式发展而来的，因此总加量表又经常被称为利克特量表。下面介绍总加量表的含义以及设计方法。

（一）总加量表的含义

总加量表由一组陈述项目以及相应的答案选项构成，用它测出的某个人的态度得分，是当该被访者对每个项目发表意见后，在每个项目上得分的总和。最初的设计只询问被访者是否同意某个陈述，如"您是否同意'吸烟有害无益'这种说法"，对此被访者可以回答"同意"或"不同意"。但如果被访者的回答是"特别同意"或"十分不同意",那"同意"和"不同意"这种两项选择,就无法完全反映出他的相对同意程度。利克特的贡献是将原有量表中的两项选择,扩展成了"非常同意""同意""不同意""非常不同意"这种四项选择。

具有清楚的顺序回答形式,是总加量表最大的优点。而且根据以上回答形式,还可以衍生出其他许多回答形式:

(1) 对"社会调查方法"这门课的教学质量,你的总体评价是:

1.优秀　　　2.良好　　　3.一般　　　4.较差　　　5.很差

(2) 总的说来,我觉得自己是个失败者。

1.总是这样　　2.常常这样　　3.有时这样　　4.很少这样　　5.从未这样

(3) 您对"**洗发水"的感觉是:

1.很不喜欢　　2.比较不喜欢　　3.稍有不喜欢　　4.稍有喜欢　　5.比较喜欢

6.很喜欢

不难看出,总加量表可以在很多不同的场合和情况下使用。虽然针对不同的陈述内容,答案的用词有所变化,但答案的排列顺序和强度结构并没有变化。另外,总加量表的答案类别应保持在4~8个之间,最好能提供类似"不知道""未决定""没意见"等中性类别。

由此看来,总加量表是通过让被访者针对某个陈述项目,从几个答案中进行选择来测量他的态度。这里所谓量表测量是通过不同答案选项的排列顺序与强度结构,来量度某人对某一项目的反应。在实际测量中,这种形式的总加量表很少被单独使用。一般总是针对某个议题的不同层面,设计出不同的陈述,分别用总加量表进行测量,然后将每一个陈述的测量得分进行加总,用加总后的综合得分,来代表对该议题的测量结果。由于包含了数个项目及其答案,这种测量形式可被视为多个总加量表的叠加组合,而对议题的测量得分则是每一个总加量表得分的"加总"。其实,总加量表最后得到的测量结果更像是一个指数。表3-4是用来测量"自尊心"的罗森伯格量表,它就是总加量表的一个例子。

表 3-4 罗森伯格量表

您是否同意下列说法,请在合适的答案栏中打✓。

陈述项目	完全同意	同意	不同意	完全不同意
1.总的说来,我对自己很满意。				
2.有时我认为自己一无是处。				
3.我认为我有一些好的品质。				
4.我能把事情干得像其他大多数人那样好。				
5.我感到我没有什么可自豪的。				
6.我有时候确实感到自己很无用。				
7.我感到我是个有价值的人,至少和别人相等。				
8.我希望我对自己的尊重能多些。				
9.总的说来,我倾向于认为自己是个失败者。				
10.我对自己采取积极的态度。				

(答案选项(限选一项))

需要指出的是,上表的 10 项陈述中的 1、3、4、7、10 是自尊心高的表现,2、5、6、8、9 则是自尊心低的表现。在建立量表时,要将不同方向的陈述穿插安排,避免被访者不认真考虑,全部选择"同意"或者"不同意"。如何给总加量表的答案类别打分,完全由研究者个人决定,既可以用"4"也可以用"1"来代表"完全同意"。但是,要注意陈述的方向,例如,当陈述 1 用"4"来代表"完全同意"时,陈述 2 就应用"1"来代表"完全同意"。另外还要注意,总加量表属于定序测量,答案的分数显示的只是一种顺序排名。虽然在实践中,总加量表的得分通常被作为定距变量来使用,但这并没有改变它定序测量的内涵。

(二)总加量表的设计

总加量表的设计包括编写量表项目、确定答案的形式和项目测试等内容。

1. 编写量表项目

在编写量表项目时，除了项目的内容要反映测量的主题外，要特别注意同时运用积极与消极的陈述。采用这种变动项目维度方向的目的是避免回答出现偏误。因为，某些人在回答很多项目时，可能会由于懒惰或某种心理倾向，出现以相同模式（通常是"同意"）来回答项目的趋势。如果正反交替以不同方向来陈述项目，那些可能会都选择"同意"来回答项目的人，就不得不选择不同的答案选项来回答，否则就会出现相互矛盾的意见。

2. 确定答案的形式

在设计总加量表时，最好提供4~8个答案类别，最好不少于4个，但最多不要超过8个，因为多于这个数目意义不大，反而会增加填答困难。有研究表明，当答案类别数目从两个增加到20个时，刚开始时信度会增加得很快；不过到7个左右时，信度就持平了，大约到11个之后，数目增加对信度的增加不会有多少贡献。

答案类别应维持偶数平衡，即如果设定了"非常同意"和"同意"，就要相应地设定"非常不同意"和"不同意"。但是，对于是否设定类似"不知道""未决定""没意见"等中性类别，研究者之间存在不同观点。一些研究者担心被访者会通过选择中性类别来回避选择，不过最好还是提供一个中性类别，因为人们通常会对假想的议题、物体和事件发表自己的意见，有了中性类别，研究者就能识别出采取中间立场或无意见的人。另外，从统计的角度看，中性类别可以扩大"同意"与"不同意"这两种截然相反的答案之间的距离，进而使得各个答案类别之间的距离更接近一些。

对于每个项目的答案类别还要赋予相应的分数，以典型的5级答案为例，每个答案既可以相应地按0~4或1~5来计分，也可以按-2、-1、0、1、2来计分，即如图3-1所示

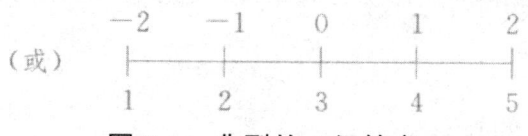

图3-1 典型的5级答案

它表示了5种反应的连续统。依照5级答案的逻辑还可以派生出7级或3级答案、3级答案在判断时比较简单，常用于有关小学生的研究。按-2、-1、0、1、2方式记分的

优点在于，可以将 0 分看作中立或完全不明确的态度，而负分则意味着测出的态度是反对正分所代表的意见的。不过这里需要注意，总加量表的测量属于定序测量，答案的分数显示的只是一种顺序排名，顺序类别之间的距离并不是等距的，使用数字完全是出于方便起见，而且使用 0 分也并没有使测出的结果变成一种定比测量。

3.项目测试

对项目进行测试的目的是检查每个项目的分辨力，即考察项目能否区分出无效回答。因为某些人在回答很多项目时，可能会由于懒惰或某种心理倾向，出现以相同模式（通常是"同意"）来回答项目的趋势。如果正反交替以不同方向来陈述项目，那些可能会都选择"同意"来回答项目的人，就不得不选择不同的答案选项来回答，否则就会出现相互矛盾的意见。

第四章 问卷设计与评估

第一节 编写题目

在问卷设计之初,并非立刻就动手编写题目,研究计划的主持人通常会邀请相关研究人员围绕调查主题召开研讨会。研讨会先对调查目标、问卷中特定概念的测量方式、分析框架、变量清单、数据分析计划、调查的执行过程进行讨论,然后才开始在此基础上编写题目。形成一份高质量的问卷一般要召开数次研讨会,随着问卷的逐步完善,最初形成的一些内容可能会有所改动。因此,在问卷研讨过程中必须形成详细的会议记录(包括出席会议的人员、会议的主题和议程、会议的时间和地点、问卷草案、其他特殊议决的事项),以提高工作效率,保证问卷设计不偏离研究主题所设定的方向。另外,对于不太熟悉的研究主题,问卷设计人员应该围绕研究主题,深入要调查的田野现场,花时间与调查对象进行一些非结构访谈,以避免设计出含义模糊的题目和不符合客观实际的答案来。下面将分别介绍如何形成有关概念操作化与测量质量评估、分析框架和变量清单、问卷题目设计原则的文字材料。

一、陈述调查目标

要想设计出好的问卷,设计者首先要对调查目标有一个清楚的认识。严格说来,陈述调查目标不仅要说明调查主题,即调查的议题或调查涉及的研究领域,更重要的是要有效地把调查主题缩小成一些特定的研究问题，或者说在调查主题范围内寻找问题。因为，对于一项具体的调查来说，它的调查主题往往过于宽泛，可以是调查的起点，但无法成为调查的具体执行对象。例如：

（1）"离婚与再婚现象"可以成为一个调查主题，但它并不构成一个特定的研究问题，而"早婚的人会比较容易离婚吗？""带有前次婚姻所留下子女的家庭的稳定性如何？"则是该主题中的两个研究问题。

（2）如果调查主题是"媒体对犯罪和犯人的描绘"，则可以进一步把该主题缩小成以下研究问题："新闻媒体是否会呈现扭曲的犯罪图像？"

（3）"个人的谋职过程"是一个调查主题，而"个人是如何利用自己的社会关系网络谋职的？"则是一个具体的研究问题。

在问卷设计中，如果缺少了把调查主题聚焦或缩小成研究问题的步骤。一开始就根据一个宽泛的主题直接草拟题目，经常会无从下手。即使勉强写出了一些题目，其内容也往往流于空泛，无法切中预期的调查目标。一项调查主题有时能够精练、浓缩出不止一个研究问题。为了防止在具体拟定题目时出现偏离调查目标的情况，可以用一段文字写下调查拟达成的目标，文字性的陈述会时时提醒研究人员调查测量所侧重的内容。

在一般情况下，可以通过检索和阅读文献或者通过与他人讨论，来完成把调查主题缩小成研究问题的步骤。

首先，可以通过检索和阅读文献，从一些公开发表的与调查主题相关的研究论文或调查报告中，发现许多有价值的研究问题。因为，研究者在发表论文或调查报告时，会先交代自己的研究问题，所以以这些问题为基础，便可以进一步浓缩出与之相关联的其他问题。有时也可以直接沿用其他研究者提出的研究问题，通过收集新的调查资料，来检验已有的研究结论，证伪或澄清这些研究结论的适用性。另外，许多研究者经常会在论文结束时，对未来进一步的研究提出建议。将这些研究建议转换成新的研究问题，并非一件难事。总之，检索和阅读文献是发现研究问题的一条捷径，这相对来说是一件既方便又保险的便宜事。

其次，与他人讨论也是提炼研究问题的一种常用方法。这里的"他人"主要是指对调查主题知之甚详的专家、问卷设计委托方的决策者。对某个社会领域可能存在的研究问题，这个领域的专家学者，无疑是有发言权的。因此，在确定调查主题后，找几个专家学者开一个小规模的研讨会，对聚焦研究问题肯定是好处颇多的。对于研讨会的人员构成要注意异质性。一是要围绕调查主题，邀请不同专业领域的专家参加。因为许多社会议题是不同学科的共同研究领域，例如，婚姻问题不仅是社会学、社会工作专业的研究领域，也是经济学专业涉足的研究领域。专业领域不同，专家提出问题的视角也会有差异，这就能大大丰富所研究问题的内涵。二是应注意专家的年龄、性别特征。年长的学者基于丰富的专业理论基础，更有可能比较全面地把握调查主题所涉及的研究问题；年轻学者一般正处于学术上升期，对伴随时代变化、调查主题中可能包含的新问题更具有敏感性。女性学者则更可能以一种独特的视角提出研究问题。

对于那些委托进行的问卷设计，在确认调查目标时，一定要与委托方的决策者进行充分的沟通。根据以往经验，问卷设计中偏离调查目标的现象，在接受委托进行问卷设计时特别突出。经常会有这样的情况发生：问卷设计者针对某项研究计划完成了一份问卷设计，但项目委托方的决策者（部门领导、经理）想得到完全不同的信息，于是设计者不得不重起炉灶，大量工作时间就被浪费在问卷设计上。产生此类问题的最主要原因就是，设计者事先没有与项目决策者充分沟通。明智的做法是在接受委托之初，就与拥有项目最终决策权的部门领导或经理坐在一起，讨论调查目标，力争把调查主题缩小成一些具体的研究问题。这时要注意，实际工作与科学研究在用语和表述上存在一定差距，而且经理们也大多没有太多的调查专业知识，一个笼统的调查主题陈述，有可能无法完全说清楚项目委托方的全部意思。根据以往的经验，最好能让委托方有关人员以问题的形式，比较详细地提出他们对调查主题的要求，或让他们根据调查主题提出一些希望通过调查来了解的问题清单，以收到事半功倍的效果。

最后，无论是与专家研讨，还是与委托方的决策者座谈，都可以采用焦点小组的形式进行。有关焦点小组的具体执行方法，将在下一节中做详细的介绍。

二、概念操作化与测量质量评估

（一）概念操作化

在确定研究主题和研究问题后，需要考虑研究问题当中涉及哪些概念，这些概念在调查研究中如何从抽象定义变成研究者可以观测的变量和指标。这就是概念的操作化。

美国社会学家保罗·拉扎斯菲尔德（Paul F.Lazarsfeld）将概念的操作化过程分为四个阶段：第一，概念的形成；第二，概念的界定；第三，选择测量指标；第四，编制综合指标。界定概念的第一步是将概念分解，从不同角度或维度对概念所表示的现象进行分类；对于抽象度较高的概念需要逐步、逐层分解。例如，"社会支持"的概念，可以被分为非正式支持和正式支持。对于非正式支持，又可以从支持的内容上分解为经济支持、情感支持等方面。选择测量指标就是确定用哪些经验层面的现象来测量变量。上例的"社会支持"的概念，可以用"我能与自己的家庭谈论我的难题""我的朋友们能与我分享快乐和忧伤""在我的生活中，有些人关心着我的感情"等作为指标来测量社会支持利用度。有一些概念相对简单，可以用一到两个指标来测量，譬如一个人的文化程度可以用上学的年数、获取的毕业证书的等级来表示。对复杂的概念，则需要用多个指标来测量，以构建一个综合的指标体系。然而，在实际测量中研究者往往会发现，概念的操作化所面临的困难是非常多的。就以作为个人基本情况的"年龄"来讲，出生年月通常用公历进行登记，但也有以农历进行登记的，特别是中华人民共和国成立前出生的人，大多采用农历登记生日；即使都采用了公历登记，也涉及在操作中是否以满周岁作为年龄的计算方式。不同的测量指标与计算方法会带来最终数据收集与统计结果的不同，这就带来另一个问题——问卷的信度与效度。

（二）信度与效度

信度与效度是所有测量的中心议题，是关于研究的测量是否真实、可信和有效的重要标准，信度与效度关注具体的测量是怎样与概念吻合的。由于社会理论中的概念经常是模糊的、无法直接观察到的，完美的信度和效度事实上是无法达到的，但它是研究者努力追求的理想。

信度是指可靠性或一致性，这意味着在完全一样或同等的条件下，相同的结果重复出现。反过来，缺乏信度，测量就会不稳定，就会出现不一致的结果。譬如，我有一把尺子，如果我每次测量我的身高，它都给我相同的身高值（这里说的是净身高），那么这把尺子就是一把有信度的尺子。提高测量的信度，可以通过以下方法来进行：清楚地概念化所有的构想；增加测量层次；使用多重指标来测量一个变量；进行信度分析；等等。

效度意味着真实性,即研究者有关现实的概念和现实世界之间的匹配程度。效度的核心在于研究构想与指标之间的吻合程度,涉及的是概念与操作性定义之间的契合程度的问题。契合度越高,测量效度就越大。如果研究者用来描述或分析社会的构想与真实世界之间不匹配,那就没有效度。当研究者说某个指标具有效度时,是指这个指标所具有的效度,只适用于某个特定的目的与定义。同一个指标可能对某个人群来说是具有效度的,但对另外一个人群来说则不具备效度。举例来说,如果讨论的是测量焦虑,那么当我们使用贝克焦虑量表时,它对成人来讲是有效的,但对儿童来讲可能并不具备效度。

三、分析框架与变量清单

在明确了调查主题和研究问题后,接下来就要具体确定变量分析框架,然后依据分析框架来设计问卷。要建立分析框架,研究者首先要考虑从所研究的问题出发究竟需要测量哪些变量?其次,要弄清楚变量之间的因果关系。在一般情况下,分析框架需要有一份详细的变量及其指标的清单;对于那些解释性分析,最好能作出变量关系的逻辑框架图。

对于问卷设计而言,如果有一个完善的分析框架,就能够大大减少问卷设计的盲目性。因为,问卷题目是变量及其指标的转换形式,如果在没有变量清单的情况下,直接根据调查主题设计题目,就很容易遗漏一些该有的题目,或多出一些不该有的题目。前者会造成无法进行正常的统计分析,后者则会增加问卷长度,从而导致拒访率上升或问卷质量降低。因此,建立分析框架是问卷设计中相当重要的一个步骤,问卷设计者必须进行比较全面的思考。

那么,如何建立分析框架呢?分析框架的复杂程度,与研究者希望达到的研究目的有关。如果研究者进行的是描述性研究,则分析框架相对比较简单;但是,如果研究者希望进行一项解释性研究,分析框架就比较复杂了。

例如,在关于离婚问题的研究中,如果研究者只是想要描述当前社会的离婚现状,那么他可能只需要问被访者是否有离婚经历、有没有未成年的子女、夫妻是否异地生活。对于有离婚经历的被访者,还可以进一步询问离婚次数、离婚时的年龄、是否有再婚的打算等；然后结合被访者的个人资料，简单地分析这些变量之间的关系，便可对当前社会的离婚现状有一个大致的描述。

但如果研究者希望的不是一般性地描述离婚状况，而是进一步解释离婚率变化的原因，那他就必须去思考影响离婚率变化的因素，然后将其纳入问卷设计中，以供研究分析之用。通常研究者需要针对研究问题，提出相应的研究假设，确定具有解释力的研究变量，并依据这些假设建立的变量之间的关联性，建立一个系统的分析框架。

在实际研究中，除一些比较简单的议题外，大多数研究并不只具有其中一种目的。因此，在建立分析框架时，要尽可能地考虑服务于多个研究目的。特别是比较大型的研究项目，在建立分析框架时，要尽可能详尽地列出研究问题可能涉及的变量及其指标的清单。下面是两项研究的变量清单的例子。

在一项有关"父母投资与子女赡养关系"的研究中，研究者将"父母投资"界定为"父母为子女提供的各种帮助"，并从时间上区分为"早期家庭帮助""近期给予的帮助""正在给予的帮助"三个方面，然后列出不同时段各种帮助的具体测量项目。如表4-1所示：

表4-1　父母为子女提供的各种帮助调查项目

早期家庭帮助	被访者早期对家庭帮助的依赖	是否在家做作业
		在升学上是否得到帮助
		在就业上是否得到帮助
		在换工作上是否得到帮助
		在分房上是否得到帮助
	父母为子女结婚所花的费用	
	被访者的教育水平	
	婚后的居住情况	
近期给予的帮助	照看孩子	
	做家务	
	提供经济上的帮助	

续表

	照看孩子	
正在给予的帮助	做家务	
	提供经济上的帮助	

另外，建立分析框架还需要考虑到分析资料的统计方法。因为，不同的统计方法对变量的测量有不同的要求。一些统计分析模型，如生存数据分析，还对数据结构有特定的要求。

一般说来，建立分析框架的方法，与前面提炼研究问题的方法类似，一是检索文献，二是与相关人员进行深度访谈，三是焦点小组访谈。除此之外，分析框架更多地依赖于研究者的独创性思考。

四、问卷题目设计原则

在形成分析框架以及变量清单后，就可以具体设计和评估题目了。下面将针对题目设计，提出一些一般性原则。

（一）内容合适

一般说来，人们对自己做过的事、目前的状况，以及自己的亲身感受，容易作出准确的判断，对与此相关的问题，也能给出准确的回答。因此，在编写题目时，要注意题目的内容不仅要满足研究的需求，而且要适合被访者。

第一，要询问被访者能够可靠回答的题目，避免提出超越被访者回答能力的题目。例如，人们对自己子女就读的学校发表的意见是比较可信的，但对自己所在地区所有的学校或全国所有学校的运作情况所发表的意见的可信程度就会比较低。

第二，在设计题目时，尽量不要让被访者预测自己对未来或假设情境的反应。因为对于没有经历过的情况，人们不太容易对自己的行为、感觉作出预测。一定要问的话，最好能让被访者感受一下假设情景，如在询问对某新产品的购买意向时，不要只在题目中做文字描述，而要先让被访者试用。

第三，不要在题目中简单地让被访者提供事情的原因。因为，一种结果的出现，可能缘于多方面的原因，直接向被访者询问事情的原因，并不能得到可信或有用的资料。对事情做因果分析，必须依赖多方面的资料。

第四，研究者最好放弃让被访者提供解决问题的方法的念头，对于那些复杂的问题更是如此。因为，提出任何复杂问题的解决途径，都需要拥有多方面的信息；而调查中的题目和答案选项是无法为被访者提供足够多的信息的。研究者之所以会求教于被访者，往往是因为自己熟知某项议题，所以高估了大多数人对该议题的了解程度。其实，被访者所能提供的只能是自己知道的有关信息，而解决问题的方法则是研究者在对有关信息进行研究分析后的结果。

（二）措辞用字清楚

问卷题目的措辞用字要力求简单、清晰和口语化。

首先，要避免使用专业术语和缩略语。专业术语的使用通常局限于某个特殊的专业人群，如心理学中的"皮格马利翁效应"、社会学中的"失范"等，这些术语对一般大众而言很可能是陌生的。缩略语是词语的一种简便写法，例如，SUV 就是运动型多用途汽车（sports-utility vehicle）的缩略语，而这对不熟悉汽车的被访者来说就很陌生了。对于包含不熟悉或不知道的语句的题目，被访者很可能会拒答或跳过去不答。因此，应该使用被访者能理解的词汇和语法——对一般大众而言，通常是指广播、电视与报纸上所使用的语言。如果无法避免使用术语或缩略语，就应该对术语或缩略语的含义加以适当的解释。

其次，要避免使用语义模糊不清的字眼。由于对调查议题很熟悉，研究者经常会不考虑被访者的感受，对题目作出潜在的假定。例如，"您的收入是多少？"这里研究者预先假设被访者对收入的理解与自己一致，但被访者其实是可以对收入有多种理解的：周薪、月薪或年薪，税前或税后的收入，今年或去年的收入，单指薪水或指所有的收入来源，等等。正确的做法是具体解释清楚究竟想了解哪一种收入，例如，"您的家庭去年税前总收入是多少？"另一种语义不清是由使用可做多重解释的字眼所致，如"您是否定期上网浏览？"如何回答这个题目完全取决于被访者对"定期"这个字眼的理解。

"定期"既可以被理解为每天一次,也可以被理解为一周一次、一个月一次。因此,为了提高资料质量,就应该尽可能使用含义明确的字眼,如"您是否每天都上网浏览?""您每周上网浏览几次?"等等。

(三)一次问一件事情

问卷题目设计要避免出现"双重负载",应该做到一个题目只问一件事情,这是一个经常被提及的设计原则。否则,一方面会增加被访者回答的困难,另一方面也会造成研究者分析的困难。但即使是经验丰富的研究者,有时还是会犯此类错误:在一个题目中包含两个或者更多的议题。例如,"你是否打算在明年辞职另找一份工作?"就是一个"双重负载"题目。因为,打算辞职和打算另找一份工作是两件事,打算辞职并不等于打算另找一份工作;同样,没有另找一份工作的打算也不等于没有辞职的打算。把这个问题一分为二,就能纠正"双重负载"问题。需要说明的是,这种形式的"双重负载"比较直接,也比较容易被识别和纠正,容易疏忽的是形式比较隐蔽的双重负载题目;如题目中包含了不合理的假设,或包含了隐含的限制条件。

例如,"经济形势下滑是否影响您的投资意愿?"首先,该提问虽然对经济形势给予了明确说明,却使该词明显具有负面含义。题目实际涉及了两件事:经济形势和投资意愿。其实,题目设定的经济形势和投资间的关系,许多人是无法知道的。正确的做法是分别询问被访者对经济形势的看法和投资意愿,然后通过变量分析来确定二者之间的关联性。

其次,避免在题目中包含隐含的限制条件。有些题目虽然没有设定不合理的假设,但存在隐含的限制条件,这些条件使得题目的答案只对部分被访者适用。例如,"在过去的一个月,您是否进行过某种运动以避免发胖?"从事运动也许是担心肥胖,但运动的目的绝非只是限制肥胖。这个题目实际上将被访者划分成三类:从不运动的人,因恐惧肥胖而运动的人,并非因恐惧肥胖而运动的人。题目实际只适用于第二类人群。第一类人的否定的回答,只是表明其不运动,但并不表明其不恐惧肥胖;或许他们正在使用某种减肥药物。第三类人的肯定的回答,也并不表明其运动的原因是恐惧肥胖。因此,正确的做法是先询问被访者是否参加运动,然后再询问参与运动的人的运动目的。

（四）客观公正

问卷题目设计应遵守客观公正的原则，不要诱导被访者朝某个设定的方向回答问题。对于研究者和访问员而言，在调查中故意诱导被访者，不仅是缺乏专业素养的表现，而且是不道德的。即使是由于专业水平不足，在无意中诱导了被访者，也会极大地损害资料的质量。在题目设计中要保持客观公正，避免对被访者造成诱导。合适的题目语句应使被访者觉得所有答案选项都是正当的，都是可以选择的；而引导性语句则通过措辞用字，引导被访者选择某个或某一方向的选项。举例来说，题目"您不赞成在公共场所吸烟，是吗"就显然使用了引导性语句，结果必然导致大多数被访者选择"不赞成"的看法。如果将题目改成"您对在公共场所吸烟有什么看法"，被访者答案的分布情况就可能会发生变化。

第二节　评估题目

草拟出的问卷题目只是一份初稿，由于问卷设计者的认知过程和范围的局限，这些题目还不能用于实际的调查。只有经过评估的题目，才能最终用于实际调查。评估题目的方法包括焦点小组讨论、深度访谈和实地调查。三种方法在评估问题时，各自具有不同的功能，本节将详细探讨每一种方法的具体执行过程。

一、焦点小组讨论

在题目草拟完成后，进一步的工作是了解这些题目能否被大多数人理解和回答。为了实现这一目的，可以再次借助焦点小组讨论的形式，对已形成的问卷草稿中的题目，逐题进行检查，看看调查对象对题目的了解程度。

（一）基本概念

焦点小组讨论就是采用小型座谈会的形式，在一名主持人的引导下，对某一主题进行深入讨论，从而获得对有关问题的深入了解。如果说当面访问是访问员与被访者之间的一对一互动，焦点小组讨论就是焦点团体成员之间的一种群体互动，前者是"群体访谈"，后者是"群体动力"。群体互动所提供的群体互动作用是焦点小组讨论成功的关键。在一般情况下，个人在接受刺激后会作出反应；而在群体情境下，某个人的反应又会成为对其他人的刺激。这样在团体讨论中，若团体成员对主题进行充分和详尽的讨论，每个团体成员就有可能受到多种刺激，进而作出多方面的反应。由此不难推断，同样数量的个人在讨论或群体相互作用情境下产生的信息，要多于在一对一互动中产生的信息。

如上所述，焦点小组讨论的关键，是鼓励参加焦点团体的成员针对主题进行充分、详尽的讨论。社会心理学的研究发现，当人们主动表述，而不是被动地回答问题时，他们往往会对某一主题表达出更全面和更深入的看法。因此，焦点小组讨论要避免直接提问，而采用间接提问来激发自发的讨论。在这个过程中，研究者既可以了解参与者有关主题的论点，也可以观察到参与者的表情、语气与动作，这有助于正确诠释参与者的论点。不仅如此，研究者还能了解到参与者在听到其他参与者的意见时的反应。

焦点小组讨论作为一种研究方法，已得到了广泛的应用，特别是经常被用于一些商业调查。大多数的市场调研公司、广告代理商和消费品生产商选择使用这种方法进行市场调研。例如，广告公司就经常借助焦点小组讨论，来了解消费者对某项新产品的接受程度。另外，这种方法在心理学、社会学和广告学研究中，也有广泛的应用，许多相关的调查研究把焦点小组作为一种重要的获取信息的方法。研究者的一个共识就是，在研究的初始阶段，进行焦点小组讨论是有价值的。因为，每个研究者都有其自身的局限性，多听听他人的声音，可以使自己对将要研究的事物以及人们对该事物的看法有更多的了解。

在调查研究中，焦点小组讨论可以帮助研究者确定调查目标、形成题目，以及在形成问卷草稿后，对题目进行评估。具体说来，焦点小组讨论可以在以下两方面，帮助研究者改进调查问卷的设计。一方面，焦点小组讨论可以帮助研究者弄清楚被访者对调查主题的不同理解和认知状况，把握现实生活的复杂性；另一方面，焦点小组讨论也能帮助研究者评估调查问卷中遣词用字的适当性，以及了解被访者对一些抽象概念是如何理解的，使研究者更准确地选择词语和概念。例如，研究者想开展一项关于人们在劳动力市场如何寻找工作的研究。调查中主要的一个部分是测量人们找工作的次数。研究者希望借助焦点小组讨论,确定人们如何理解工作的含义,了解人们找工作的途径或方式,并同时检验某些题目的措辞。

在一般情况下,焦点小组讨论可以为研究者提供许多与找工作相关的信息。首先,通过讨论,研究者可以对被访者的认知程度有所了解。例如,可以了解到在全职就业以外,存在哪些被访者认可的工作形式;被访者在多大程度上,认为半职就业、临时性就业(无合同、非稳定的工作)和务农也算是一种工作形式;研究者事先对有关被访者对工作含义的了解、看法的假定,在多大程度上符合实际情况。

其次,焦点小组讨论可以明确找工作的途径或方式的含义。例如,找工作中的"找"是否就一定意味着当事人要主动有所作为,如托人介绍推荐、去人才交流会、求助于职业介绍机构、个人申请或自荐等;是否将国家分配或组织调动、自雇佣也列入问题的考虑范围。无疑,这些信息能使研究者更加清楚地界定找工作的途径或方式的含义。

最后,焦点小组讨论能弄清楚被访者对某些关键字或词的了解程度。例如,找工作一定是指一个查询、请求和获取的主动过程,还是更一般地包括被动地被分派、自我指派的过程;工作必须有合同、有固定时间和场所,还是也可以无合同,时间、场所不固定。

焦点小组讨论是获取问卷设计相关信息的有效方法。与焦点小组讨论的投入成本相比,采用这种方法往往能获得意想不到的收益。虽然焦点小组讨论在问卷设计初始阶段,能帮助过滤问卷中可能存在的问题,也能解决问卷题目在措辞和概念理解上的疑虑。但也不应该过分夸大这种方法的功能,因为它并不能代替其他问卷设计环节,如深度访谈和实地试调查。

(二)讨论的准备

焦点小组讨论的准备工作主要包括以下几项内容:编写讨论指南、选择主持人、招募参与者、准备讨论场地及其他设备。

1.编写讨论指南

首先,一次成功的焦点小组讨论需要有一份精心准备的讨论指南,即一份讨论中所要涉及的话题概要。在进行改进问卷的焦点小组讨论时,讨论指南可以在问卷草稿的基础上形成,即围绕问卷内容来设计指南包括的议题。指南最好委托主持人根据讨论主题和委托方需要的信息来起草，然后在充分听取各方意见的基础上修改定稿。这样做的好处是，主持人熟悉指南的内容，便于他的现场发挥。如果是研究者编写的指南，应在征询主持人意见并修改后再付诸使用。

讨论指南通常包含三个部分：一是一些旨在建立良好关系的轻松话题，以及对焦点小组讨论规则的解释；二是提出讨论的主题，以及每项主题的细化内容；三是总结各项具体要求。讨论指南中包括的各项话题，应按一定顺序展开，例如，有关人们餐饮主题的讨论指南可以先从人们对外出吃饭的态度和感受开始讨论，接着讨论人们对快餐业的看法，然后具体讨论某个快餐连锁店的食品，最后以快餐店的室内装修风格对营业额的影响结束讨论。在正式使用指南之前，一定要广泛征求意见，力争使委托方的各类人员都认可指南上列出的主题是必要而且没有遗漏的。

2.选择主持人

主持人的表现对于焦点小组讨论的成功与否起关键作用。一个优秀的主持人应具备两方面的技能，一是拥有与讨论主题相关的专业知识，二是具有驾驭小组讨论进程和方向的能力。对主持人的素质要求包括以下几点：

（1）感染力。主持人应具备热情开朗的性格，要对人、对生活充满着广泛的兴趣，不仅能使自己完全融入讨论的话题，而且更重要的是能激励小组成员，特别是那些不太发言的成员积极参与。

（2）包容性。主持人应是一个宽容的人，能接受并重视人与人之间的区别，尤其是与自己的生活态度截然不同的人的看法。当讨论的兴奋点偏离预定目标时，主持人要有足够的耐心去倾听，从而发现新的、有价值的信息。

（3）灵活性。主持人应思维敏捷，具备较强的灵活应变能力，善于面对各种不确定性，能够迅速作出决策；特别是当讨论中出现新议题，或讨论过程出现混乱时，主持人要能随机应变，及时地根据现场情景，改变讨论指南中的有关内容。

（4）敏感性。主持人应细心，善于观察细节，不仅能听到别人说出来的话语，还要能分辨出发言中的各种潜台词，并能及时地捕捉到小组成员通过肢体语言传递出来的相关信息。

（5）表述能力。这是主持人应具有的一项最基本的素质，很难想象一个不擅辞令的主持人，能胜任讨论的主持工作。主持人不仅要喜欢讲话，而且要很会讲话，特别是能在不同类型和规模的团体中很自信地讲话。

3. 招募参与者

参与人员是焦点小组讨论的主体，可以通过不同的方法进行招募，如在街头拦人，或随机选择一些电话号码的机主，但必须进行适当的筛选。研究者一般应避免在焦点小组中有重复性的或"职业性"的成员。因为职业被访者往往只是为了获取报酬，通常不会有太积极的表现。

从小组讨论的人数看，最好包括 5~8 个被访者。如果小组人数少于 5 个，小组可能就会失去多元化和充分互动产生活跃氛围的优势，最终形成一种针对 3~4 个人的个别访谈场景；相反，如果小组人数多于 8 个，就很难清楚地聆听到每一位被访者的意见；特别是作为问卷设计者，就无法做到认真地追问每一位被访者，发现这些人之间在认知、经验和看法上的差异了。也有学者认为，对某些调查主题而言，有些人可能没什么要表达的意见，因此小组讨论可以包含 10~12 人。虽然对于小组讨论的理想人数并无定论，但小组讨论的目的是发现不同的意见和观点，而不是找到一个具有代表性的看法。在小组讨论时，只有包含那些对议题具有不同认知和经验的各式各样的被访者，才能发现标准化问卷设计所存在的各种障碍和问题，探寻到解决的办法。

在人员构成上，参加小组讨论的人员一般应保持异质性，因为只有这样才能最大限度地获取各方的观点和意见。不过对于某些特定的调查主题来说，如果那些具有不同背景和经历的人坐在一起，无法坦率地发表自己的看法，就最好让小组保持同质性。例如，若讨论的主题是征收市场管理费，那么小组全部由工商管理人员组成，或全部由商贩们组成，或由这两种人混合组成，小组内的互动肯定是不同的。从设计问卷的角度看，要让商贩们谈论其对征收管理费用的看法，最好让他们处于一个不用担心他们所说的内容会暴露在工商管理人员面前的情境之下；同理，要让工商管理人员在讨论时避开商贩们。不过，有时为了进一步了解小组构成对讨论某一主题的影响，研究人员也可同时安排同质性小组和异质性小组的讨论，通过比较获取其他有价值的信息。

4. 准备讨论场地及其他设备

焦点小组讨论最好安排在专门的焦点小组测试室中进行。测试室通常是一间类似会议室的房间，房间中的一面墙装有一面很大的单面镜。在房间不引人注意的地方，还装有录音、录像设备，用以记录整个讨论过程。也有调查机构用起居室式的环境代替会议室，希望营造一种轻松、非正式的气氛，使参与讨论的人员如同在家中一般，感觉更放松,更有利于自由、充分地发表意见。另外,也可以用闭路电视系统来代替单面镜,这使得监控房间中情况的工作人员在交谈和操作设备时,不至于影响到讨论现场。焦点小组讨论的时间最好安排得比较充裕,时间长度可在一个半小时至三个小时之间。

(三)讨论的实施

焦点小组讨论应在使人们感觉轻松的氛围下进行,这样才能促进彼此沟通,每个人都有说话的机会。在讨论进行的过程中,主持人要负起应有的责任。一方面,主持人要把握焦点讨论的主题,尽可能将参与者的注意力引向讨论的主题,在"让人们充分表达自己的观点"和"围绕调查主题讨论"之间寻求一个适当的平衡点,避免讨论离题太远,避免围绕主题提出新的问题,而使讨论始终有一个焦点;另一方面,主持人要做好参与者之间的协调工作。在讨论进行的过程中,经常会出现冷场、跑题或某个成员控制讨论方向的情况。这时主持人要通过新的提问、引导或转移话题,使讨论重新回到正常的状态。

实施焦点小组讨论的另一个关键环节是对讨论过程的记录。由于主持人的任务是维持讨论的持续运作,因此要安排一个或多个专职人员进行记录。记录人员最好不要出现在讨论会场中,这样就可以排除他们对讨论的干扰。除了笔录外,最好能对讨论过程进行录像。因为,录像资料可以反复观看,研究人员可通过观看录像,对结果进行进一步的讨论。相对而言,录像资料优于录音资料,因为录音资料经常难以确认发言者。

(四)结果分析

在焦点小组讨论结束后,要及时整理、分析记录。在整理记录时,一方面要检查记录,看是否准确完整,是否存在差错和遗漏;另一方面要通过对一些关键事实和重要数据的查证核实,检验结果是否真实有效。

在分析讨论结果时要注意,焦点小组讨论的目的,是得到不同的经验和认识,而不是得到一个具有代表性的样本。以评估问卷为例,焦点小组讨论的最终成果,是找出问卷中可能存在的各种不足之处。首先,要弄清楚问卷题目是否涵盖了被访者所有的回答类型;其次,弄清楚被访者能否回答这些题目,如果根据讨论结果,被访者无法对题目作出适当的回应,就应对题目作出修正。最后,弄清楚问卷题目的措辞或概念表述,能否使被访者有一致的理解,如果不能,就要设法改进表述方式,使题目以更清晰的方式呈现给被访者。

二、深度访谈

在实地试调查之前，除了利用焦点小组讨论来评估问卷初稿外，还应该借助深入访谈进一步对题目进行评估。因为焦点小组讨论在评估题目时，比较侧重于检验一般性的问题，不太关注题目答案所使用的特定文字及难度这样比较特殊的问题，而这正是深度访谈关注的重点。

（一）深度访谈概述

深度访谈是一种无结构的一对一的面谈，但与普通面谈不同，它是借助于一些访谈技术，来探查被访者在理解和回答问卷题目时的思考过程。进行深度访谈的访问人员通常不是一般的调查访问员，而是具有娴熟访问技巧的研究人员，或资深的访谈督导。有时认知心理学家会充当深度访谈的访问员。深度访谈的目标，是找出那些并非所有被访者都能理解的题目，以及被访者无法按研究者的预期回答题目的情形。根据从深度访谈中得来的资料，研究者就可以对题目进行相应的改进。在深度访谈中，被访者都是能获得报酬的志愿者，因此要比实际调查时的被访者更愿意合作，这对于研究人员了解题目的可行性是非常有利的。深度访谈由于一般是将被访者带到能录制和观察访问过程的特殊环境（实验室）中进行访问，所以又经常被称为"实验室访谈"。

实施深度访谈首先要按一定标准选择被访者，其中最重要的一条就是被访者要有一定的代表性，他们应当能够反映出未来实际调查中各种被访者的不同特性。另外，进行深度访谈要特别注意把握访谈时间的长短，一般应控制在 1~1.5 个小时，不要太长。因为在进行深度访谈时，互动双方的体力和脑力都有较大的消耗，因此如果访谈时间超过 2 个小时，那么被访者实际上已经没有有效答题能力了。再有，深度访谈要比一般性访谈更细致，需要花费较多时间进行访谈互动，因此深度访谈的问卷长度要比实际调查问卷短，一份深度访谈问卷在实际访问时，最好能在 15~20 分钟内答完。由此可见，对某个被访者进行一次深度访谈，通常只能涵盖调查问卷中的一部分题目。

虽然深度访谈与焦点小组讨论表面上看起来有一些相似之处，但二者希望达成的目标并不完全相同。在某种意义上，深度访谈与焦点小组讨论具有一定的互补性。例如，在问卷评估中，尽管焦点小组也会讨论如何理解题目中的概念和字词，但它并不考察一个人处理字词的思考过程，故无法对题目所使用的特定文字及题目的难度作出评估；又如，焦点小组也会讨论能不能或愿不愿意答题，但它无法复制被访者探索答案的真正过程，而这些恰恰是深度访谈的关注点。如果说这两种方法都能帮助研究者了解被访者是如何答题的，那么焦点小组讨论只能检验一般性的问题，而深度访谈则能发现有关理解和答题经历的某种特殊问题。另外，深度访谈比焦点小组讨论成本高，而且比较费时。焦点小组讨论能在一个半小时之内获得七八个被访者的知觉经验；而在相同时间内，深度访谈只能得到一个被访者的知觉经验。

（二）访谈技术

深度访谈实际上是在观察被访者答题的认知过程，或者说"阅读"被访者回答题目的思考逻辑。由于观察对象是被访者回答背后隐含的内容，因此一般访问过程是无法实现深度访谈的，必须借助一些专门的访谈技术，如有声思考法和阶梯前进法。

有声思考法是要求被访者将心里想的事情说出来，包括叙述在解读题目、搜索和筛选与该题目相关的记忆信息、确定回答题目信息等各阶段时的想法和认知过程。研究者通过被访者的叙述，可以了解到被访者是如何理解题目、产生答案的。这种方法的不足之处是对被访者运用语言的能力有较高的要求。被访者如果受教育水平较低，就不太容易很有条理地说清楚自己的认知过程。这样研究者要想找出有用的结论，就不得不付出更多的精力。另外，让被访者进行有声思考，也可能会改变被访者的答题方式。

阶梯前进法是沿着一定的问题线索进行访谈，使研究者有机会了解被访者的思想脉络。标准的做法是由访问员念题目，然后让被访者完整地回答一次题目，接下来访问员再询问被访者与答题过程相关的问题。这些问题可以包括以下几项内容：

（1）要求被访者解释题目的意义；

（2）要求被访者界定题目中的某些概念或术语；

（3）询问被访者对答案选项有没有什么不确定或疑惑之处；

（4）询问被访者对自己给出的回答有多大信心；

（5）如果题目要求的答案是数字形式，询问被访者是如何获得该数字的；

（6）如果题目要求进行等级排序，询问被访者是如何决定答案顺序的。

对被访者答题过程的询问，可以采用以下两种方式进行。第一种方式是在被访者回答完一个题目或几个相关题目后，马上就按访问提纲进行访谈提问。第二种方式是等被访者回答完整个问卷后，再进行访谈提问。前者的好处是被访者刚刚完成回答，对答题的思考过程记得比较清楚，叙述起来比较容易，但其阻断了正常的答题过程，无法反映题目之间的关联性对被访者认知的影响，从而使访谈过程与真实调查有一定距离；后者的优点是被访者对问卷有一个整体认识，能够比较全面地叙述答题思考过程，但很难要求被访者完全重现在回答每一个题目时的思考过程。

三、实地试调查

在问卷初稿设计完成后，还应进行实地调查，因为焦点小组讨论和深度访谈并不能涵盖问卷设计的所有层面。在深度访谈中，研究者能流利地读题，并不代表访问员在被访者家中或电话中也能做到。在焦点小组讨论和深度访谈中，问卷中的某条题目可能没出现什么不足，但不见得在实地访问中也是如此。所以，在正式调查前，试调查是掌控问卷质量必不可少的环节，越是大型调查越是如此。这里介绍几种试调查的实施技术。

（一）试调查概述

要进行试调查，比较常规的做法是让有经验的访问员，基于方便和有效性考虑，选取15~35个类似正式调查对象的被访者，对其进行问卷访问。在试调查中，访问员既要负责访谈，更重要的是要观察问卷及调查过程中需要改进的地方。在试调查结束后，访问员要与研究者一起，以小组讨论的形式，报告自己对题目的评估。通过访问员的报告，研究者很容易发现问卷存在的一些格式问题，如错误的回答说明、不适当的答案选项和印刷错误等。另外，研究者还可以根据试调查花费的时间长度来评估问卷的长短。在实际调查中，由于调查成本、问卷回收率、被访者的答题能力、被访者的答题意愿等因素的限制，访问时间是有一定限制的，而决定访问时间的最重要因素就是问卷长度。

如上所述，这种常规的试调查方法，可以在一定程度上对问卷作出评估。但是，由于该方法发现问题的标准不统一，评估在很大程度上依赖于访问员的主观判断，因此存在着一定的局限性。对此可以利用以下一些方法加以补充，以增加问卷评估的客观性。首先，可以在试调查的过程中，对访问员和被访者的行为进行系统的编码；其次，要求访问员采用标准化题目评级表对问卷进行评估；最后，在试调查访问中，也可以采用标准化访问中的追问技术，对被访者的回答进行追问。

另外，试调查采用的方法，还与具体的资料收集方式有关。相比之下，自填问卷要比当面访问更需要试调查，因为访问员可以在实际调查中纠正一部分错误。不过适合当面访问的试调查方法，并不一定适合自填问卷的试调查。比较适合自填问卷的试调查方法是，在一组被访者填答问卷后，研究者分别与被访者进行访谈，围绕以下主题来评估问卷：第一，指导填答问卷的指示文字是否清楚；第二，题目含义是否清晰；第三，题目的答案选项，在理解和回答上有无难度。

（二）行为编码技术

在试调查中，除了可以让访问员对题目进行主观评估外，也可以通过对访问双方行为的编码，来获取有关题目质量的信息。这种方法的原理是：在令人满意的访问中，一方面，访问员应按照题目内容逐字读出题目；另一方面，被访者应给予一个与题目目标相符的答案。一旦有偏离这种问答过程的行为发生，一种可能就是问卷设计出现了问题。这样，通过对访问双方行为编码的分析，就可以对问卷题目进行评估，找出并纠正可能存在的问题。

对访问双方的行为进行编码，包括以下几个环节。首先，在试调查时，无论是当面访问还是电话访问，对整个访问过程进行录音或录像。注意在录音或录像时，事先要明确地告知被访者，征得其同意后才能进行，否则有可能引发法律纠纷。在一般情况下，被访者会同意接受试调查，并且大多不反对将访问录音或录像；其次，让经过培训的编码人员一边听录音、看录像，一边分析访问中出现的问题，并按预先设定的行为指标进行编码。

对访问双方的行为进行编码的关键，是认定反映问卷设计问题的指标。大体说来，可以针对以下几种行为进行编码。

访问员读题行为：

（1）能逐字逐句按题目内容读出题目；

（2）在不影响题意的前提下，略作变化地读出题目；

（3）读题时由于改字、漏字，已经明显歪曲了原题含义。

被访者打断访问员读题的行为：

（1）抢先对题目提出疑问；

（2）抢先提供答案。

被访者的答案与设计目标不符的行为：

（1）访问员没有采取纠正措施；

（2）访问员重复读题；

（3）访问员进行了追问。

被访者要求澄清题意的行为。

在对每一次访问双方的行为进行编码后，就可以统计某项指标在某个题目上出现的频率。例如，表 4-3 中访问员在念题目 A1 时，22 次没有错误；2 次略有错误，但不影响对题意的理解；1 次严重错误，已经扭曲了原来的题意。那么究竟某项指标在某个题目上发生多大比例，就可以认为该题目需要进一步改进呢？严格讲这个标准很难统一规定，一个可以作为参考的比例是 15%。按照这个标准，表 4-3 中的题目 A1a 和 A5 分别因为访问员追问和被访者要求澄清的次数较多，而 A4 可能存在设计上的不足，致使读题和答题存在较多问题，需要进一步改进。

表 4-3　行为编码汇总表

问题	正确跳答	无误	次要错误	主要错误	打断	重复问题	其他追问	要求澄清
A1		22	2	1				
A1a		25				1	8	
A2		25			2	5	1	1
A3		22	3				1	
A4		9	11	6		1	1	3
A4a		21	3	1				1
A5		24			1			5

注：表中数字为虚构的行为编码。

需要注意的是，一定比例的有问题编码的存在，只是表明该项问卷题目可能需要改进；但这项问卷题目究竟问题何在，还需要通过进一步的分析才能加以判断。一个常见的做法是召集访问员会议，让访问员对问题发生的原因发表意见。他们是访问互动的参与者，对于某个问卷题目为什么难念、被访者答题遇到什么困难有直接的认识。由于编码员通过听录音、看录像，也对访问过程有感性认识，故也可以让他们参加访问员会议，或单独召集他们开会。根据对题目的分析，在找到问题原因并作出修改后，可用修改后的问卷重新进行一次试调查，以检验题目的修改效果。

（三）题目评级表

除了对访问双方的行为进行编码外，另一种客观评估问卷题目的方法是，要求访问员填写每个题目的简易评级表。题目评级表的一个重要功能，是提示访问员更多地关注访问中比较重要的维度。在设计上，评级表要求访问员围绕访问中可能存在的三类问题，对每一个题目的设计质量进行三级评估。三类问题包括：

（1）在逐字逐句读出问卷题目时存在问题的程度。

（2）被访者在理解题目时存在问题的程度，包括对某些字词或概念的理解、被访者彼此之间对题目理解的一致性程度。

（3）被访者在提供答案时存在问题的程度。

三级评估等级包括：

A：没有证据显示存在问题。

B：可能存在问题。

C：肯定存在问题。

在实际访问时，可以采用表格形式来记录（见表4-4）：

表 4-4　访问员题目评级表

问题	难念	被访者有理解问题	被访者有作答困难	其他问题	评语
A1	A	A	A		
A1a	B	A	A		

续表

问题	难念	被访者有理解问题	被访者有作答困难	其他问题	评语
A2	A	B	A		
A3	A	A	A		
A4	C	C	B		
A4a	A	A	B		
A5	A	A	A		

注：表中字母为虚构的某个访问员的评级编码。

当访问员完成题目评级表的填答工作后，可以对所有访问员的填答结果进行统计。另外，应要求访问员在召开访问员会议之前，完成评级表的填答工作。一方面能使研究者了解到所有访问员对题目的评估，而不仅仅是那些在讨论会上发言的访问员的看法；另一方面，研究者在对访问员的评估作出统计的基础上，可以引导与会人员把讨论重点放在那些访问员认为问题突出的题目上。

总之，对于访问员来说，填答题目评级表并不难。但评级表对于发现问卷设计中的问题，引导访问员会议的讨论方向，是益处多多的。因此，填答题目评级表可以作为一项成熟的技术在试调查中加以采用。在实际应用中，需要注意不要将评级表设计得过于复杂，否则会大大加重访问员的工作负担，但效果并不会有太大的提高。评级表的任务就是找到问题，而确定问题产生的原因则是访问员会议的主要议题。

第三节　问卷的编排与格式化

在问卷设计中，尽管编写和评估题目是非常重要的环节，但问卷的编排和格式化也是不容忽视的。因为，一份结构分明、编排整齐的问卷，特别有利于提高访问效率。不仅如此，由于题目的排列可能会产生"顺序效应"，因此合理地安排题目在问卷中的相对位置，能够有效降低访问结果出现偏差的可能性。下面将先介绍问卷的一般结构，然后讨论如何防止顺序效应，最后简略地探讨一下问卷的排版与印刷。

一、问卷结构

虽然按调查的执行方式，可以将问卷分为自填式和访问式两种类型，但两者的结构基本相同，只是在一些具体细节上略有差异。一份完整的问卷通常采取以下结构：问卷标题、问卷说明、题目与答案、编码、访问的执行记录。

（一）问卷标题

问卷标题是对调查主题的概括说明，其目的是使被访者对将要回答哪方面的题目有一个大致的了解。在确定标题时，要尽量做到简明扼要，不要太长，最好能引起被访者的回答兴趣，如"中国劳动就业调查问卷""2003中国企业经营者跟踪调查问卷""金色花园别墅调查问卷"等。注意不要简单采用"问卷调查"这样的标题，它容易使被访者产生疑惑，进而导致拒访率上升。

（二）问卷说明

问卷说明包括两项内容，一是向被访者概括说明调查项目，包括调查目的、大概内容、调查的主持单位、被访者的选取方法，以及调查结果的保密措施等。此类说明常采用短信的形式，一般比较简洁、开门见山，最终目的就是引起被访者对调查的重视，认真填答问卷。下面是"中国综合社会调查——2003年城市问卷"的问卷说明。

"中国综合社会调查——2003年城市问卷"的问卷说明

您好！

感谢您能够参加这次调查活动。本次调查是由国务院发展研究中心社会发展研究部与中国人民大学联合举行的一次全国性的社会基本状况调查，主要目的是了解改革开放20多年来中国城市居民的就业、教育与社会生活等各方面的情况。您是我们经过严格的科学抽样选中的调查代表,您的合作对我们了解有关信息和决策工作具有十分重要的意义。

本次调研工作采取无记名的方式进行。您的回答不涉及是非对错,但务必请您按照您的实际情况逐一回答我们所提的每个题目。对您的回答我们将按照《统计法》予以保密。

对您的合作和支持,我们表示衷心的感谢!

问卷说明的另一项内容,是对问卷填答或记录以及其他相关事项的说明。填答说明又分为两种:一种是对整个问卷填答的一般性说明,是对填答方法、要求和注意事项总的说明;这一部分在自填式问卷中通常集中列在给被访者的短信之后,在访问式问卷中则列在访问员手册中。另一种则是对比较复杂的问卷题目的填答方法及要求的说明,通常放在题目之后。在自填问卷中,要尽量减少这类说明,尽可能地通过题目传递信息,因为不同的被访者对于此类说明,可能会有不同的反应。另外,自填式问卷在填答说明中,还要说明返回问卷的时间和地点。下面是一个自填式问卷填答说明的例子。

自填式问卷的填答说明

填答说明:

(1)请在选中的答案号码上画圈;或在题目中的_____处,填上符合自己情况的内容。

(2)问卷每页右边竖线隔开的数字及短横线是供编码用的,您不必填写。

(3)若无特殊说明,每一个题目只能选择一个答案。

(4)在填写问卷时,请不要与他人商量。

(5)恳请您在×月×日前寄回问卷。再次感谢您的合作。

(三)题目与答案

题目与答案是问卷的主要内容。从内容上看,主要包括以下几种类型的题目:有关被访者背景资料的题目,有关事实、行为及后果的题目,有关态度、意见、感觉和偏好等主观意向的题目等。后两类题目视不同议题而定;有关被访者背景资料题目则是指被访者的一些主要特征,包括性别、年龄、民族、家庭人口、婚姻状况、文化程度、职业、单位、收入和所在地区等。从形式上看,主要有开放式题目和封闭式题目两类。自填式问卷应严格限制题目为封闭式,因为在缺乏指导的情况下,被访者用自己的话来回答题目,答案经常是不完整或语义不清的,很难转换成数字代码,对于统计分析价值不大。

（四）编码

问卷调查通常涉及大量被访者，大量调查结果只有借助计算机才能进行处理和分析。因此，需要对调查结果进行编码，即将文字资料转换成数字形式。编码既可以与问卷设计同步进行，也可以在调查结束后进行，前者称为预编码，后者称为后编码。在一般情况下，除了开放式题目，封闭式题目大多采用预编码，即在设计问卷时，就预先赋予每一个题目及其答案一个数字作为它的代码。同时，每份问卷还必须有编号，即问卷编号。

（五）访问的执行记录

为了核查资料和计算工作量，问卷还应该留出空间，让访问员记录访问执行的相关信息，包括访问员的姓名及编号、访问地点、访问日期、访问开始和结束时间等内容。如有必要，还可记录被访者的电话号码、家庭住址等信息，以便于审核和进一步追踪调查。但要注意，如果问卷主题比较敏感，或涉及违法内容，最好不要记录被访者的信息；同时还要注意，记录被访者的信息一定要征得被访者同意。

二、题目的排列顺序

在问卷编排与格式化过程中，决定题目的顺序是一项重要的内容，因为被访者对前面题目的回答，可能会影响到他对后面题目的回答。给题目排序会面临两个问题：一个是题目在问卷中的总体布局，即哪些题目应该放在问卷的哪一个部分；另一个是问卷的顺序效应问题，即哪个题目应该放在哪个题目的前面。

（一）总体布局

关于问卷的总体布局，第一，可以按照访问时被访者可能遇到的不舒适和混淆程度的问题，来安排题目出现的先后顺序。题目的顺序最好是由浅而深、由易而难。如果将问卷分为开始、中间与结束三个部分，那么在开始部分，题目要尽量设计得浅显易懂、有趣，通常安排一些比较容易回答的"热身"题目，帮助被访者建立起答题的信心；比较复杂、比较敏感的题目，一般安排在问卷的中间部分，这时被访者经过开始部分的"热身"，已经建立起了对研究者的信任和合作态度，增强了回答复杂、敏感题目的心理承受能力。注意，回答起来比较困难的题目，要适当安排在后面一些位置，这样做能减少拒访、拒答的数量。在结束部分，应有礼貌地感谢被访者的合作；如果问卷中包含敏感题目，在结束部分最好再次重申尊重被访者隐私权的承诺。

第二，在总体布局上要注意层次分明，一个主题与另一个主题之间要有所区分，尽可能将相同主题的题目放在一起。例如，不要住房情况还没问完，就转到婚姻话题上，过一会儿又回到住房情况上面。这样跳来跳去的问题，会使被访者感到困惑，被访者甚至可能会对访问员的调查能力产生怀疑。在进入一个新话题，或从一个话题转入另一个话题时，最好有一个简短的陈述说明，如"现在我想了解一些你的住房情况"。这种陈述可以帮助被访者理清答题方向，有利于其正确回答题目。

第三，可以按一定的逻辑顺序来组织不同主题的题目，使被访者更顺畅地考虑题目的答案。例如，在为某家快餐店设计快餐消费调查问卷时，可以先问比较简单的题目，如上个月是否去过快餐店。如果答案是肯定的，接下来就可进一步询问在快餐店消费的情况；如果答案是否定的，则可接着问是否曾经去过快餐店；如果此时答案仍然是否定的，就可以询问不去快餐店消费的原因；如果此时答案是肯定的，就可以询问以往去快餐店消费的情况。最后询问被访者的背景资料。

不同主题的题目可能是一组一组的。例如，问被访者在快餐店消费的情况，就可能包括多长时间去一次，为什么选择这一家快餐店，在店里吃、在车里吃还是在其他地方吃，抑或是打包带回家；在店里吃的感觉如何，等等。而问被访者以往消费快餐的情况，则可能包括最近一次去的哪家快餐店、为什么上个月没去快餐店、下个月是否去等题目。

第四，有关被访者背景资料的题目的位置，也属于总体布局的内容。在调查实践中，许多问卷把背景资料题目放在最前面，特别是在当面访问的问卷中。其实，当面访问这样做是有道理的，访问员在简短的自我介绍之后，问被访者一些关于个人以及家庭的人口资料，能够很快与之建立和谐的关系。这种题目通常比较容易回答，也没有太大的威胁性；而一旦建立起和谐关系，就可以进一步问一些相对敏感的题目了。不过背景资料题目毕竟比较单调乏味，放在问卷前面会使问卷的开头看起来千篇一律，在自填式问卷中，很容易坏了被访者答题的兴致，因此自填式问卷的个人背景资料题目，还是放在后面为好。

（二）顺序效应

问卷的顺序效应是指前面题目的存在，使被访者改变了对后面题目的回答。例如，在前面问了许多关于老人健康、经济状况和子女赡养的题目后，接着问被访者对安乐死的看法，那么与单独询问这一题目相比，被访者赞成安乐死的比例很可能会升高。研究表明，受教育程度较低或缺乏强烈意见的被访者，更容易受到顺序效应的影响，这部分被访者通常把先出现的题目作为回答后出现的题目的依据。问卷的顺序效应会使问卷设计陷入困境。一方面，总体布局原则要求尽量把相关的题目集中在一起，以避免逻辑混乱；另一方面，这种做法又可能产生顺序效应。

在实际调查中，有些研究者想通过随机编排题目的方式，来消除顺序效应。由于随机编排大大增加了被访者的回答难度，因此这样做一般是得不偿失的。比较妥当的办法是，在设计问卷时，对可能产生顺序效应的题目，预先估计一下它的影响程度。具体做法是将被访者随机分为两组，分别给他们发放按不同顺序排列的问卷，然后比较两组对象的回答结果，检验是否存在顺序效应。如果结果基本相同，则表明没有太大的顺序效应；若结果有较大差异，就说明顺序效应影响较大。

当顺序效应影响较大时，并没有什么方法可以判断哪种顺序的答案是真实的。这时可以采用漏斗序列来排列题目的顺序，即把一般性题目排在前面，把特殊题目放在后面。这时，由于对一般性题目的回答不涉及具体细节，因此对特殊题目的回答没太大影响。例如，在问及特殊疾病之前，先问一般健康状况。

三、问卷的版面设计与印刷

在问卷设计中，问卷的版面设计也是一项很重要的工作，特别是需要邮寄的调查问卷。在对问卷进行版面设计时，要注意不要让卷面过于拥挤。有的研究者怕问卷页数太多，看起来太长，便把几个题目挤在同一行里。在这种情况下，被访者很有可能读完前面的题目就转到下一行，完全忽略了后面的题目。另有研究者用简略的方式提问，以减少问卷的页数，这样做的坏处是容易使被访者产生误解。也就是说，维持一个设计行距较宽的卷面，不仅有助于问卷阅读的流畅度，而且能减少填答错误，提高调查资料的质量。

另外，在初次访问没有成功时，访问员一般被要求在不同日期、不同时段再访问两次。因此，应该为每一次访问单独准备一张访问记录页，由访问员在上面记录下访问不成功的原因，访问日期、时间，访问员和被访者的识别编号，以及访问员对访问过程、访问情景的观察体验和个人意见。

对于复杂题目、特殊情况的说明，如标明题目不适用于某个被访者时的跳答提示，最好用特殊的形式来印刷，例如，用不同字体、加重字体颜色、采用斜体等形式，使访问员能方便地区别出哪些是题目与答案，哪些是给访问员的指示说明。这不仅能提高访问的速度，也会减少访问员的失误。对于自填式问卷，要尽量减少跳答题目的数量，无法避免地跳答，则最好采用没有文字指示的箭号或方框。总之，问卷的排版和印刷，应该清晰、整齐和容易阅读，以达到使访问双方轻松自如地进行访谈的目的。

第四节 问卷当中的常见错误

初学者在问卷设计中常常出现错误和不妥当的地方，这是正常的。但由于社会调查研究的结果往往取决于问卷的质量，因此每个研究者都应尽可能地避免设计当中的错误。一般在设计问卷时容易出现以下四种错误：

一、问题含糊

问题含糊，即问题的含义不清楚、不明确或有其他含义。被访者在理解起这类问题时往往存在较大差异。出现这类错误主要是因为问卷的设计者在设计过程中对所提问题的用意和目的不是十分清楚，表述不当而存在歧义。

（一）概念抽象笼统

调查问卷中涉及的概念，在进行操作化后需要清晰明白，使即便没有受过专业知识训练的普通人也可以清楚理解问题的指向。问题的含糊往往是由对某个容易产生歧义的要素缺乏限定、表述不清引起的。因此，在设计问题或检查问题时，应尽量明确什么人、什么时间、什么地点、做什么、为什么做、如何做六个要素。同时，注意尽量使用简单的语言，不要使用专业术语，也要避免使用抽象的概念。例如：

1.近年来您对所在学校情况的感觉是？

（1）几乎没有什么变化

（2）变化不大

（3）变化较大

（4）变化很大

2.您认为这种情况（变化或没变化）如何？

（1）好

（2）不好

第一个问题没有说明"学校情况"是什么情况——是问总体的各方面情况，还是问某一方面的具体情况，如教学情况、科研情况或福利待遇等；在第二个问题中，这种变化的方向也十分笼统，这种变化可能对被调查的个人来说是有利的，也可能对群体（某一院系的师生）是不利的。这样笼统的问题，使被访者在理解问题时不一定能够按照研究者最初设计的方向进行。问题不明确，也就意味着资料不可能反映客观的现实。要避免这类错误，需要对调查的目的有清楚的了解，对问题的表述语言反复推敲，确定问题表述的精确性和准确性。

（二）语义模糊不清

正如上文所提到的，多重解释的字眼会导致语义模糊不清。在调查中应尽量避免使用不确切的词。一些副词或形容词，如"很久""经常""一些"等，每个人对其的理解往往是不同的。在问卷设计中，应尽量避免或减少使用。例如：

（1）您是否经常生病？

（2）您上月生了几次病？

（3）您近半年生了几次病？

（4）您在哪儿出生？

（修改）您的出生地：省（自治区、直辖市）、市（地、盟、州）、县（区、旗、县级市）。

对于例（1）中的"经常"，不同人会有不同理解，可能研究者认为的"经常"与被访者认为的"经常"会存在差异，最好将其转变为有关频次，这样能够减少理解的偏差。例（4）是关于出生地的问题，"在哪儿"一词过于模糊，修改后则能够清晰地对被访者的出生地进行分类。此外，在问卷设计中，问题越短，其含糊不清的可能性越小。因此，在设计中要尽可能不使用长问句。问题要尽可能清晰、简短，使被访者很快能够看完、看懂。

二、问题带倾向性

（一）问题陈述不够客观中立

人们对问题的回答在一定程度上会受到问题措辞所带来的倾向性的影响，这可能会引导被访者偏向某一个回答。因此，问题应保持客观的态度，撰写题目应该使用中立语句，避免在题目中使用倾向性语句，尽量避免提问方式对回答者形成诱导。因为，语句不仅有字面的意义，还有内含的、社会的意义。一些社会头衔、权威地位、职业、情感字眼会影响到被访者对题目的理解、对答案的选择。因此，题目中要避免情绪化的语句，否则决定被访者的答案的可能就是某个情感字眼，而不是题目内容本身。

例如，"你赞成那些用钱安抚毫无人性、丧心病狂绑架平民的恐怖分子的政策吗？"这个题目充满了"安抚""毫无人性""丧心病狂""平民""恐怖分子"这些情绪化的字眼，很容易得到否定性的答案；如果改用比较中性的语句，例如，"你赞成那些用缴纳赎金的方式解决人质绑架危机的政策吗？"可能就会得到不同的答案分布。

（二）声望偏误与偏袒语句

声望偏误，即题目陈述的内容与某个领域的专家、某位权威人士或团体的观点有关。

在设计问题时要避免声望偏误，否则被访者可能会根据自己对专家的信任、对权威的服从，而不是根据题目的议题来选择答案。举例来说，"大多数医生认为被动吸烟会导致肺癌，你同意吗？"由于一般人都相信医生在吸烟与肺癌关系上的权威性，因此大多数被访者会同意医生的看法。如果把问题改为，"有人认为被动吸烟可能会导致肺癌，你同意吗？"那么，被访者的回答模式就可能改变。

偏袒语句的一种情况是题目用语明显偏袒某个方向。在这一问题中，被访者感到研究者提出该问题是想得到某种特定的回答，或是在鼓励他、期待他作出某种回答。举例来说："您赞成在办公场所禁烟吗？"就只提供了"赞成"一个方向，被访者受其影响，很可能会倾向于赞成。较好的提问方式是："您赞成不赞成在办公场所禁烟？"即同时提供了赞成与不赞成两个方向，让被访者可以在两个方向中做选择。偏袒语句的另一种情况是题目故意删除了某些信息，例如："在5家参加竞标的物业公司中您最喜欢哪一家，是辉格物业管理有限公司，还是其余几家？"正确的做法是逐一列出每家公司的名称，同时还要注意公司名称的排列方式，5家公司要各有 1/5 的机会排在首位或末位，以避免出现心理认知中的首因效应和近因效应。

（三）直接提出敏感性问题

对于一些敏感的题目，或者是被访者觉得对自我形象有威胁的题目，被访者往往不愿意完全真实地回答，甚至会拒绝回答。窥探有如关于"婚外性行为"的问题，这种行为带来的道德评判风险会使得被访者保持警觉。直接提问"您是否有过婚外性行为"，容易让被访者感到威胁，即使被访者有过婚外性行为，也有很大的可能通过回避或隐瞒事实的方式来减少对自己的威胁。因为，当前社会普遍认为婚外性行为违背"婚姻中双方相互忠诚"的社会道德。面对敏感性问题，可以在一些"热身"过程后，再进行询问。在被访者对访问员产生好感和信任之后，被访者更容易给出真实的答案。也可以采用转移法，如上面关于婚外性行为的询问，可以转换为"如果您的朋友有婚外性行为，您会怎样看？"

三、双重含义与双重否定

双重含义，往往是在问卷的设计中涉及双重负载的问题。即每个题目同时包含两个或更多的题目，使被访者的答案模棱两可。它可能是在一个题目中包含多个对象，也可能是在一个题目中，同时询问了两个事件。例如：

（1）您的父母是工人吗？

（2）您认为应该提高工资待遇，提升教师社会地位吗？

问题（1）实际上包含了"父亲"和"母亲"两个对象，问题（2）包含了提高工资待遇和提升社会地位两件事情。有些被访者可能同意提升工资待遇，但认为社会地位不需要进一步提高，因此这一部分被访者就无法填写。

双重否定的句式表达非常容易导致误解，在问卷设计中要避免使用否定形式的提问。例如：

您是否不赞成不进行医疗改革政策？

在上例中，问题被否定了两次，"不赞成""不进行"，即表示肯定的意思，双重否定句语气比肯定句更为强烈，加强了肯定的效果。但它很容易让被访者受到误导，或者漏掉"不"字，并在这种理解的基础上选择回答。

四、答案设计不合理

（一）答案分类不完整

答案设置需遵循"穷尽且互斥"的原则，即所有问题的可能答案都包含在答案的设计内。同时，每一项答案都与其他项答案互不包含，不产生交叉。例如：

您的受教育程度是：

（1）小学　（2）初中　（3）高中　（4）职高　（5）中专

（6）技校　（7）大专　（8）大学本科　（9）研究生及以上

在有关受教育程度的答案中，仅列出了正式教育的选项，遗漏了非正式教育的部分，如私塾，同时也遗漏了从未受过任何教育的情况。

（二）答案带有隐含假设

除问题陈述可能会带有隐含假设外，一些答案的设置也可能带有隐含的前提。

例如，有关交通工具选择的提问答案之一是"在进行 300 公里以内的短途旅行时，我更倾向于乘飞机"。这个答案当中就包含着一个隐含的假设：被访者会乘飞机出行。

（三）问题与答案不匹配

问题与答案不匹配指的是在问卷设计过程中，问题和答案指向两个不同的层次，如问题表述的是职业类型，而答案提供的是单位类型，那么被访者就无法作出选择。要避免这类错误，就要对每一个问题的含义都有清楚的了解，在查阅相关资料的基础上设计问题的答案，同时要尽量保持答案之间的互斥性和穷尽性，让每一个被访者均有答案可供选择。

（四）答案不平衡

问卷设计中需避免出现不平衡的题目，即在撰写题目时，避免使用不平衡的答案选项和偏袒语句。答案选项不平衡是指只有正向（负向）却没有负向（正向）的答案，例如："您认为当前的市政管理水平如何？非常出色、很好、令人满意还是一般？"这个题目的答案选项就不平衡，因为它没给出负面评价的答案，因此即使被访者对市政管理水平很不满意，也只能选择"一般"。正确的做法是添加上负向答案选项，即"令人不满意、很差、非常糟糕"。

第五章 资料搜集方法的选择

第一节 自填问卷

让被访者自行填答问卷是一种常用的资料搜集方法，包括邮寄问卷、留置问卷和集中填答等几种形式。下面先介绍一下自填问卷的几种形式的具体操作程序，然后集中谈一下提高问卷回收率的方法，最后比较各种自填问卷调查方法的优缺点与适用范围。

一、邮寄问卷

（一）邮寄问卷调查的步骤

在自填问卷调查的各种操作方法中，邮寄问卷调查是最经常被采用的。这种方法通常是调查机构或研究者通过邮局，把打印好的问卷寄给选定的被访者，请他们按一定要求自行填答问卷，并在规定时间内将填答完的问卷寄回调查机构或研究者。邮寄问卷调查的具体操作步骤如下：

第一，向被访者寄送通知函。首先，根据样本中被访者的名单、通信地址和电话，形成一份有效的邮寄名单。然后，给被访者寄一封短信（或明信片），说明最近将有一份邮寄的问卷，请他们协助填写。这种在正式邮寄问卷之前与被访者的接触，可以引起他们对调查的重视，通常能显著地提高问卷回收率。只要时间和经费许可，这一步骤最好不要省略。

第二，向被访者寄送调查问卷。邮件中除了问卷，还应附上一封说明信、一个写清调查机构地址的回邮信封、谢礼或有关谢礼的许诺。一般说来，邮寄问卷调查的样本量都比较大，因此寄出信件采用大宗邮件邮资比较便宜。问卷的回收可在"贴邮票"或"商业回函许可"两种形式中选择，假如选择的是贴邮票，那就应事先在回邮信封上贴上足额邮票。这时无论被访者是否寄回问卷，调查机构都得支付这笔邮资。如果选择的是商业回函许可，调查机构就只需支付邮寄回来的问卷的邮资，但要支付一定的手续费。比较起来，如果有大量的问卷寄回，贴邮票的方式比较便宜；但如果寄回的问卷较少，商业回函许可的费用会低一些。

第三，记录回收问卷的数据。一旦问卷寄出，就应开始对回收的问卷的各项数据进行记录，包括问卷的编号、问卷寄回的日期、问卷寄回的地区，以及按回收日期统计出的每天的回收量和累计回收量。同时，应建立回收率追踪表，动态地了解问卷回收情况，并决定何时为补寄问卷的最佳时机，同时补寄问卷的日期也应记录在图表上。表 5-1 是问卷回收率追踪表的一个实例，研究者一共寄出了 1818 份问卷，在问卷寄出的第 4 天，开始有问卷寄回；在第 8 天时达到峰值点，以后逐日递减。

表 5-1　问卷回收率追踪表

天数	收到答卷数	占总数的百分比(%)	累积答卷数目	累积百分比(%)
1	0	0	0	0
2	0	0	0	0
3	0	0	0	0
4	28	1.54	28	1.54
5	79	4.35	107	5.89
6	120	6.60	227	12.49
7	103	5.67	330	18.16
8	140	7.70	470	25.86
9	135	7.43	605	33.29
10	70	3.85	675	37.14
11	82	4.51	757	41.65

续表

天数	收到答卷数	占总数的百分比(%)	累积答卷数目	累积百分比(%)
12	61	3.36	818	45.01
13	4	0.22	822	45.23
14	0	0.	822	45.23
15	0	0	822	45.23
合计	**822**	**45.23**		

第四，向被访者寄送后续邮件。如果在问卷寄出的2~3个星期后，本该寄回问卷的被访者仍没有回信，就应该考虑向这些被访者寄送提示信，询问是否收到了问卷，并请求其合作，早日寄回问卷。如果仍没有问卷寄回，可以再寄一封提示信，并附上一份问卷。实践证明，在正式寄送问卷后，再进行两次后续寄送，从时间与费用方面考虑效果最好。其实，在寄送第一封提示信时，最好就附上一份问卷，因为有一些被访者未回信，可能是由于问卷找不到了。在这种情况下，只寄送提示信是没有效果的。另外，由于寄回的问卷通常是匿名的，因此可能无法从样本中识别寄回问卷的被访者。这时后续寄送就要将提示信寄给所有的被访者，信中一方面要感谢那些已经寄回问卷的被访者，另一方面则要提醒那些仍未寄回问卷的被访者，鼓励他们把问卷寄回来。

（二）提高问卷回收率的方法

邮寄问卷由于成本较低、操作简单而受到研究者的青睐。但是，邮寄问卷的问卷回收率非常低，使得调查资料的质量得不到很好的保证，这限制了这种方法的应用范围。有资料表明，问卷回收率至少要达到50%才能满足资料分析的需要，回收率达到60%就算是相当不错的，只有70%以上的回收率才算得上是非常好的。因此，如何提高回收率，就成为研究者们讨论得最多的问题之一。下面介绍一些提高问卷回收率的方法：

第一，在抽样设计时，可以把预定的回收率考虑在内，按一定比例加大样本规模。例如，如果预定的回收率为55%，那么一个1000人的样本，在实际抽样时就应抽取1818人。第二，可以在正式邮寄问卷之前，给被访者寄一封信，说明一下将要进行的调查项目；同时在邮寄问卷时，随信附上贴好邮票的回邮信封。第三，在邮寄问卷后，给那些未回信的被访者，补寄提示信和问卷；补寄的时间一般以第一次邮寄问卷后的 2~3 个星期较为适宜，再过 2~3 个星期进行第二次补寄，一般邮寄三次问卷（最初一次加上两次补寄）效果最佳。第四，如果回收率始终达不到要求，则可以通过小规模的当面访问来修正偏差。如果能确定未回答的被访者的个人资料，就可以对他们进行小样本的随机抽样；如果没有这些人的资料，则可以通过对回收资料的初步统计，确定未回答的被访者的人口学特征，并按此特征抽取一个小样本，然后进行当面访问，并力争能使该样本的应答率接近 100%，用该样本数据来修正偏差。

二、其他自填问卷方法

留置问卷也是自填问卷调查经常采用的操作方法，它不是通过邮局来寄问卷给被访者，而是将问卷以某种方式发送到被访者手中。一种发送方式是由访问员以面访的方式找到被访者，在向他说明调查目的和填写要求后，将问卷留置在被访者家中由他自行填答，然后再由访问员按约定时间（如一两天后）取回填答完的问卷，或者访问员一直等到被访者填写完毕后，当场将问卷收回；另一种发送方式是通过某些单位或组织，间接地向被访者发送问卷；在被访者自行填答后，再通过这些单位或组织集体回收。需要注意的是，保证匿名性是留置问卷方法的关键，除了事先向被访者加以说明外，还要采用妥善的问卷回收方法。一种做法是由访问员携带专门的问卷回收箱或回收袋，让被访者将填答完的问卷投入箱（袋）内；另一种做法是在发送问卷时，同时发送一个空白信封，让被访者将填答完的问卷装进空白信封，封好后再交给访问员。

集中填答是自填问卷调查的另一种操作方法，它是将被访者召集到同一地点，然后发给每人一份问卷，在集中讲解填答要求后，由被访者同时填答问卷。文中填答的问卷既可以逐一回收，也可以让被访者自己将问卷投入回收箱中。集中填答特别适合在各类课堂中进行，就像考试。这种方法最大的不足是，在集中填答过程中，被访者彼此之间可能产生某种"团体压力"，进而影响资料的有效性。

三、优缺点分析

（一）自填问卷的优点

第一，调查成本低。自填问卷由于不需要招募和训练访问员，因此与访问员有关的费用，如访问员的劳务费、交通费、住宿费和保险费等，都可以节省下来，而这笔费用通常是整个调查的一项主要支出。留置问卷只需要雇用少量的投送人员，而且不需要对投送人员进行访问训练，因此成本也很低。

第二，可以避免发生访问员误差。有访问员参与的调查访问，一般很难避免出现访问员误差，如访问员偏离标准化访问程序的偏差行为、访问员弄虚作假的行为。而自填问卷在省略访问员环节的同时，也避免了访问员误差的负面影响。

第三，适合处理敏感议题。对某些有较高的隐私性与敏感性的议题，如果有访问员在场，被访者在回答问题时会感受到压力，从而对真实情况进行隐瞒。如果采用自填问卷的方式，被访者无须与访问员进行当面或电话上的即时沟通，回答问卷的压力就会降低，从而提高调查内容的真实性。

第四，不太受调查地域的限制。使用概率抽样，有可能抽中那些既没有电话又地处偏远山区的被访者，此时邮寄问卷可能是唯一的选择。因为，从原则上讲，只要是有邮路的地方，就可以进行邮寄问卷调查。

（二）自填问卷的缺点

第一，问卷回收率低，并可能导致样本出现偏差。根据美国某研究机构的报告，如果调查对象是随机选择的，在不做任何事前和事后接触，又不准备谢礼的情况下，邮寄问卷调查的回收率在美国一般不会超过 15%。研究者一般是通过补寄问卷来提高问卷回收率的，但这就增加了搜集资料的时间与成本。有时综合考虑补寄问卷的周期和花费，邮寄问卷调查的成本甚至超出同样规模的电话访问。而且在实际调查中，有时即使再三催复，也无法保证能达到预定的样本规模。这种情况的一个直接后果就是无法把握样本的代表性，因为即使是按随机原则抽取访问对象，也仍然会面临回收问卷与未回收问卷之间的差异问题。一般说来，那些寄回问卷的人，有些可能是对调查主题比较有兴趣，另一些则可能是有较多的闲暇时间，或者是对领取访问酬劳感兴趣。这样回收问卷的内容代表的可能只是整个访问总体中某些类型被访者的态度，而不是所有被访者的态度。那些被抽中但对调查主题没兴趣，或没时间填答问卷，或对访问酬劳没有兴趣的被访者，就在调查访问中缺失了，或者仅占很小的比例。而仅以回收问卷的资料对抽样总体进行推论，必然会出现样本偏差。

第二，调查周期较长。自填问卷调查之所以特别费时间，主要是因为研究者需要数次补寄问卷，才有可能达到预期的问卷回收率。从时间进程看，研究者第一次寄出问卷2~3周后，就需要开始第一次补寄问卷；在又隔了2~3周后，又得第二次补寄问卷。这样从第一次寄出问卷算起，有的邮寄问卷调查甚至要费时3个月左右，才能回收到预定规模数的样本。因此，邮寄调查只适合那些对时效性要求不高的调查项目。

第三，很难控制问卷填答质量。由于自填问卷没有访问员在场，故研究者无法评估问卷是在何种情况下填答完成的。被访者极有可能在填答时征询其他热心人的意见，或者干脆请别人代为填答。另外，被访者也可能没有填答全部问题就停止了，或只挑选那些自己感兴趣的问题来填答，而忽略掉其他的问题。特别是当问卷的问题较多，或问题比较敏感时，被访者经常会故意漏掉对一些问题的回答。再有，被访者在填答问卷时，可能并不十分理解问卷问题的内容与意义，或者所理解的与研究者的预期不同，进而在有疑问或误解的状态下填答问卷。在调查的实际操作中，研究者一般很难发现和纠正以上失误，有时即使依据被访者的一些基本资料（年龄、受教育程度、性别、职业等）确认了被访者填答有误，想要纠正，这也是一件极为耗费时日的工作。

第四，问卷内容和形式受到限制。自填问卷调查通常假定被访者具有一定的文化程度，但是在一般性调查中，调查对象往往包含那些文化程度不高，有时甚至是文盲的被访者在内。这部分被访者对理解问卷的含义有一定的困难，因此如果问题内容比较艰深，就无法得到较高的回收率。另外，由于自填问卷调查没有访问员的帮助，由被访者自己完成问卷的填答，因此一些需要视觉辅助的问题形式（如演示卡片）、开放式问题、较复杂的问题，都不太适合采用自填问卷形式来完成。

第二节 当面访问

与自填问卷不同,当面访问不是让被访者自己阅读和填答问卷,而是由专门的访问员按照问卷问题,向被访者进行口头提问,并根据被访者的回答圈出答案。下面先介绍一般入户当面访问的操作程序,然后介绍电脑辅助个人当面访问的技术,最后比较一下当面访问的优缺点和适用范围。

一、普通入户当面访问

比较正规的当面访问通常采用入户访问的形式,即访问员根据样本提供的名单或地址,找到被抽中的家庭,在征得住户同意后进入户内,然后按户内抽样方法选取符合条件的被访者,最后按照问卷问题,向被访者进行口头提问,并根据被访者的回答圈出答案。

不难看出,要进行入户当面访问,首先要决定进入哪一户去访问。如果研究人员已经在设计抽样方案时,抽出了样本中需要访问的家庭地址,那么访问员只要按地址找到这些家庭就行了。但是,在多阶段抽样中,抽样单位名单经常只到居委会一级,家庭名单需要访问员自行抽取。另外,在确定访问家庭时,经常会遇到被抽中的家庭户内无人的情况。对此通常的解决办法是,当户内无人时应重访,在三次入户均无人时,才能更换新的家庭。

其次,在找到住户后,需要征得住户同意进入户内。拒访是当前大城市问卷调查普遍存在的一个问题。究其原因,一是出于安全方面的考虑,现代城市社区不是熟人社会,居民对陌生人通常是不信任的;二是不愿意日常生活被干扰,居民对频繁的商业调查和促销活动,一般是持排斥态度的。因此,访问员应耐心地进行解释,以获得住户的理解与支持。

再次,在获准进入后,访问员要按照户内抽样规则,抽取符合调查条件的被访者。这一步要特别慎重地处理,如果被访者不在家,通常只有在重复入户三次,被抽中的被

113

访者均不在家时，才允许更换备选的住户，重新抽取被访者。特别需要提醒的是，在入户抽取被访者时，一份住户家庭构成资料只能抽取一次，不可重复进行抽取。

最后，一旦确定了被访者，访问员就要严格按照问卷以及辅助卡片上的内容，对被访者进行当面提问，同时根据被访者的回答圈画答案。需要注意的是，访问员在提问时，不能诱导被访者回答问题，必要时按统一口径解释问题。不过对于开放式问题，访问员一般应给予被访者充分的追问。在调查结束后，访问员通常要赠送一个小礼品，向被访者表示感谢。

二、电脑辅助个人当面访问

电脑辅助个人当面访问（Computer-Assisted Personal Interviewing，CAPI）是近年随着计算机技术不断普及而出现的一种面访形式。严格地讲，CAPI 目前还算不上一种独立的面访形式，因为 CAPI 与普通当面访问的不同之处主要是在调查工具上，即用手提电脑（普通笔记本电脑或面访专用的无键盘轻型电脑）代替传统的印刷问卷、辅助卡片和记录笔。而普通面访的一系列操作步骤，CAPI 也是要逐一完成的。在 CAPI 中，调查问卷已经事先存放在计算机内，访问员根据计算机屏幕显示的问题和指导语，向被访者提问，并将被访者的答案，用键盘、鼠标或专用电脑笔输入计算机内。

从目前发展看，CAPI 的变化主要体现为调查工具的不断更新。一方面，面访用的手提电脑日益专门化，而且越来越轻，这无疑可以大大节约问卷印刷、数据录入等调查成本；另一方面，网络传输技术的发展，使访问员可以即时将调查数据传输给调查机构的数据处理中心，这样就可以极大地缩短调查周期，同时还可以及时发现访问中的问题，纠正访问员的各种偏差。

三、当面访问的优缺点分析

（一）当面访问的优点

首先，样本代表性较好。使用概率抽样方法获取被访者的当面访问，通常需要事先掌握抽样总体的特性与结构，而且抽样框与抽样总体基本上是一致的。这样在保证一定的访问成功率的前提下，访问结果较能代表总体的特性。另外，经过培训的访问员的参与，可以使访问成功率维持在一个较高水准，从而得到代表性较大的样本。再有，由于访问员可以直接面对被访者，因此能根据抽样资料对其进行确认，进而保证该被访者的确是被抽中的访问对象。

其次，取得的资料质量较高。在当面访问中，如果被访者对问题的内容或含义有不清楚的地方，访问员可以当场进行解释，使被访者可以完全了解问题的内涵，这大大提升了被访者回答内容的效率。另外，被访者在回答问卷时，可能会受到其他事件的干扰，访问员通过对访问情境的观察，来判断干扰事件对访问过程的影响，并采取措施减轻其影响，就能使资料质量得以提高。再有，访问员针对访问中的某些问题，使用一些辅助工具，如卡片、表格或实物来说明其具体的含义，可能会使被访者更准确地理解问题的含义，进而提高回答质量。

再次，能获得内容比较复杂的资料。当面访问由于有访问员的协助，因此对访问题目的复杂程度限制较少。经过培训的访问员，能掌握比较复杂的问卷，可以处理复杂的跳答模式，可以问比较复杂、深入的问题，而且可以通过追问技巧提高开放题的回答质量。另外，训练有素的访问员，通常会营造出一种气氛融洽的访问环境，提升被访者接受较多访问题目的可能性。这恰恰有利于对复杂概念或问题的访问，因为复杂概念通常无法用简单的一两个题目来表示，问卷一般都比较长。

最后，可以访问特殊人群。当面访问对调查对象基本没有什么限制，因此特别适合调查特殊人群，包括不识字者或残障者（如聋哑人）。对这些特殊人群进行访问，需要对访问员进行特别的训练。

（二）当面访问的缺点

首先，成本较高。当面访问是由访问员来完成的。一般说来，新招募的访问员需要经过一个严格的培训过程，才能胜任调查工作，招募和培训访问员都需要有经费投入。在调查访问的实施中，与访问员有关的各项费用，如劳务费、交通费、住宿费和保险费等，也是一笔相当大的开销。除访问员的直接花销外，调查成本还需要考虑调查督导的费用，包括培训督导员的费用、各个督导员的劳务支出、访问结束后的实地复查费用等。总之，没有一笔较大的资金准备，是不可能进行当面访问的。调查实践表明，目前在全国范围内对一个 5000~6000 的随机样本进行入户当面访问，总费用为人民币 100 多万元。

其次，很难控制访问员误差。在入户当面访问中，访问员一般是分散在许多不同的地点进行访问的。在一般情形下，经过培训的访问员应该通过与被访者的互动，完成研究单位交付的任务。但是，在调查的实际执行中，仍然发现访问员会出现偏误行为，有时甚至还会出现舞弊的行为。对于当面访问中的访问员误差，除了事先的培训、访问中的督察以及事后的抽查，并没有十分有效的方法加以控制；而且为了检查访问员是否尽职，是否客观地、不加诱导地进行了访问，有无作弊行为等，则又需要增加一笔不小的经费投入。

最后，访问成功率逐渐下降。在当面访问中，访问员只有当面见到被访者，才能进行访问。如果是入户访问，访问者还必须获准进到被访者家里面，才能完成访问。虽然当面访问通常会在访问前给被访者寄一份通知信，告知访问目的与执行时间，但即使如此，近年来大城市入户访问的成功率仍呈逐渐下降的趋势。造成成功率逐渐下降的原因是多方面的，第一，近年来随着经济的发展，城市化进程不断加快，城区改造、房屋动迁致使抽样所依据的总体资料日益偏离实际情况，越来越多的被访者无法按抽样地址被找到。第二，出于安全方面的原因，越来越多的新建居民区的居民，不允许访问员入户进行访问；特别是对那些高收入或高地位的特殊阶层人群，更是无法实现当面访问。

第三节 电话访问

由于电话访问借助于电话这种通信工具进行问卷访问，因此能否顺利进行电话访问，要看电话的普及情况。一般说来，只有在电话普及率达到90%以上的地区，电话访问才不致产生严重的样本误差。下面先介绍一下普通电话访问的操作步骤，然后介绍电脑辅助电话访问技术，最后比较一下电话访问的优缺点和适用范围。

一、普通电话访问

普通电话访问除了要准备好电话外，也要像当面访问那样，准备好问卷和供记录用的纸笔。除此之外，在有条件时，最好将访问员统一安排在专用的电话室中进行电话问卷访谈，因为这样比较便于督导员管理，出现问题时也能及时统一处理。普通电话访问的步骤为：首先，访问员按照电话号码簿或随机数字拨号方法，确定和拨打电话号码。其次，当电话拨通后，访问员要按设计要求，通过接听电话的人员对该住户进行户内抽样，确定符合调查要求的被访者。如果被抽中的被访者不在，应该记住号码，换时间再打；为了保证样本的随机性，在一般情况下要求连续追打3~5次才能放弃。最后，对符合条件的被访者进行电话问卷访谈，同时按被访者的回答填写调查问卷。

电话访问可以利用电话号码簿作为抽样框，借助随机数表或采用等距抽样的方法，随机地抽取电话号码进行拨打。但是，很多电话用户，特别是收入水平较高的人群，通常不愿意将私人电话登在电话号码簿上。为了避免出现抽样偏差，电话访问的抽样通常采用随机数字拨号技术，它是根据随机抽样的原理设计的。在进行随机数字拨号时，要先弄清楚所调查地区电话号码的设置规则，然后确定样本所在区域电话号码的前几位，再按照随机的原则确定电话号码的后几位。

二、电脑辅助电话访问

电脑辅助电话访问（Computer-Assisted Telephone Interviewing，CATI）是利用计算机辅助电话调查而开发的调查访问作业系统。CATI系统包括硬件和软件两部分。其中硬件包括：一台计算机主机，用来装载各种调查软件，并控制整个调查的进程；若干台与主机相连接的计算机终端，终端上有耳机式电话和鼠标；若干台起监视作用的计算机。CATI系统的软件部分包括能完成以下功能的几种软件：自动随机拨号、问卷设计、访问管理、自动录入数据和进行简单统计等。

当CATI系统开始工作时，计算机首先会自动拨号并保存拨号记录。其次，如果拨号成功，终端屏幕会提示访问员筛选被访者。对于被访者不在家或当时没有空的情况，CATI系统会自动地储存该被访者的电话号码和下次访问的时间，届时该号码会自动出现在拨号系统中。再次，当访问开始时，终端屏幕会显示出问题，屏幕上每次只出现一个问题，当访问员将被访者选择的答案录入计算机后，计算机会根据答案自动地跳到下一道相关的问题。最后，在访问进行中，督导员可以通过监视终端随时了解访问的进展情况——包括调查结果和每个访问员的工作情况，有针对性地提出督导意见。例如，当出现平均完成访问时间特别短的情况时，要检查访问员读题的语速和追问情况。

由此可见，在CATI系统中，数据编码和录入等烦琐过程，都是由计算机自动完成的。这无疑会大大缩短整个调查的时间。不仅如此，计算机还能自动检查答案的适当性和一致性。如果访问员在录入时，输入了一个不清楚或不可能出现的答案，例如，将H写成代表"男性"的M，计算机会发出响声，要求访问员重新输入答案。这进一步提高了数据质量。另外，由于访问与数据录入同步进行，所以研究者可以在整个访问结束前，就对调查数据进行初步统计分析，从而对整个调查进行动态监控。

三、电话访问的优缺点分析

（一）电话访问的优点

第一，调查周期非常短。调查速度快是电话访问最大的优点，因为电话访问员能够迅速联络上许多距离极为遥远的被访者。如果按每位电话访问员 30 分钟完成一次访问，一天有效工作时间以 6 小时计算，则 15 人一组的电话访问员就能在 6 天之内访问全国上千位被访者。一般进行一个样本规模在 1000 左右的标准电话访问，需要 4~7 天。如果调查过程不要求进行户中抽样，或对被访者的样本替代没有太严格的限定，那么调查甚至可以在 3 天内完成。对于那些需要尽快得到结果的调查，如了解前一天播出的某个新广告的到达率，电话访问无疑是一种最佳的选择。

第二，比较容易控制访问员误差。通常访问员是在计算机房或专门的电话访问实验室里，集中进行电话访问的。在调查现场的研究人员或督导员，可以对访问员的访问工作进行即时监控，以确保访问员能将研究者设计的问卷题意清楚且正确地表述给被访者，同时能将被访者的回答忠实、完整地记录在电脑中。一旦发现访问员曲解题意，或误解被访者答案，就可以立即纠正访问员的偏差行为，进而确保调查资料的质量。

第三，抽样快捷方便。由于一些住宅电话号码并没有被登记在电话号码簿上，利用电话号码簿进行抽样就容易出现偏差，所以当前许多电话访问采用随机拨号方法来抽取被访者。随机拨号抽样不仅不需要事先编制抽样框，而且省去了按抽样名单寻找被访者的麻烦，因此方便快捷，而且大大节省了抽样成本。特别是使用随机拨号抽样，还有可能访问到使用其他抽样方法不太容易抽到的、高收入或高地位阶层的调查对象，进而增大样本的代表性。

第四，访问成功率较高。前面已谈到，越来越多的被访者拒绝陌生人入户访问，另有一些人会因为工作太忙而拒绝面访，但这些人可能会接受短暂的电话访问。通常，如果电话访问时间在 10 分钟以内，题目不超过 30 道，则在电话接通之后，成功率能达到 40%~60%。另外，如果访问议题是被访者感兴趣的，经过数次联络之后，访问成功率还可以进一步提高。

（二）电话访问的缺点

首先，样本的代表性存在问题。在电话访问中，电话号码簿涵盖不足的问题已成共识，因此当前绝大部分电话访问采用随机拨号抽样。这样虽然解决了电话号码簿涵盖不足的问题，但仍然没解决抽样总体与目标总体不一致的问题。抽样总体实际上是全体电话用户，而目标总体则可能包括那些没安装电话的调查对象。这个问题目前在我国边远地区和农村，表现得尤为突出。另外，在电话普及率很高的大城市，也存在样本代表性问题。因为许多人拥有不止一个电话号码，这样不同的访问员在进行随机拨号抽样时，很可能会对同一个人重复进行访问。再有，在一般家庭中，年龄较大的成员，通常不愿意接听电话；而年龄较小的成员，晚上在家的比例较高；家庭主妇、失业者或退休人员，白天在家的比例较高。因此，如果不对这些个人生活习惯、接听电话的习惯采取相应的调整措施，就会造成样本偏差。

其次，访问内容难以深入。一般说来，电话访问的时间不宜过长，较为适当的访问时间在10分钟以内，访问题目不超过30道。如果访问时间超过10分钟，就会使被访者负担过重，被访者可能会反感而中断访问。而通过这么短的时间、如此有限的题量，是很难进行内容深入的调查的，因为要想深入了解某项议题，就不得不问较多的问题，花费较长的时间，如学术性调查访问时间一般都在30分钟以上。另外，在电话访问时，访问员无法在现场向被访者解释题目的含义，因此电话访问的问卷结构和问题形式都不能太复杂，也不能使用复杂的量表。问卷设计要求浅显易懂，尽可能口语化，这一点在某种程度上，限制了形式复杂、艰深的问题在电话访问中的应用，也限制了对某些议题的深入了解。

第四节　网络调查

网络调查，也称互联网调查、在线调查、电子调查。它是一种以互联网信息技术为研究工具，利用网页问卷、电子邮件问卷、网上聊天室、电子公告板、社交网络平台等来收集调查数据和访谈资料的一种新式调查方法。网络调查可以用于描述性、解释性或探索性的研究。调查主题可以是浅显易懂的老百姓的生活状态，也可以是抽象的理论探索，但调查单位通常为个体。该方法由于是借助互联网进行的调查，因此互联网技术和计算机技术的新发展都会对网络调查产生影响。目前，主要的网络调查法包括网络问卷调查法、网络访谈法和网络观察法。这里仅对网络问卷调查法做一介绍。

网络问卷调查法主要有三类，即网页调查、电子邮件调查和即时通信工具调查。网页调查是当前最普遍的网络调查方式，目前80%的网络调查采用的是这种方式。当然在现实生活中，这三种方式经常组合使用。下面先介绍一下最普遍的网页调查方式的操作步骤，然后介绍电子邮件、即时通信工具调查技术，最后讨论一下网络调查法的优缺点和适用范围。

一、网页调查

网页调查即问卷以网页为载体的网上调查形式，是目前使用最广的网络调查方式。它是指调查者将设计好的问卷放在网站的某个网页上，回答者只要登录网页就可以参与调查的一种网络调查方式。这是目前最基本也是最常用的网络调查方法。基于网页的调查需要使用网络问卷调查系统生成问卷或者有程序设计人员参与才能实现，实现起来技术要求较高，但在后期数据整理和分析阶段优势明显，因此当调查样本量较大、问卷问题多的时候，使用这种方式开展调查非常高效。网页调查的具体步骤为：

第一，调查者制订调查计划，充分考虑调查目标、内容、形式、网络调查载体、时间选择等。尤其是首先要弄清适合网络调查的主题。然后根据研究目的和被调查对象的特点选择调查的内容、形式（比如，放置在网站上的问卷是直接弹出问卷式、广告弹出信息式、必然点击式还是偶然链接式等）。最后，选择合适的调查载体和调查时间。网络调查问卷放在不同的网站，参与填答的人群、人数都会有很大的差异。一般说来，调查问卷都会放置在门户网站或影响较大的新闻网站，这样参与填答问卷的人数会增加。如果是针对性很强的主题，应考虑放在相应版面、栏目、频道的突出位置。除此之外，调查时间应该合理设置。一般专题类的调查，时间可以长一些，民意调查或市场调查则更注重时效性。调查时间的合理设置可以加强调查的针对性、代表性和时效性。

第二，设计问卷。问卷设计的优劣往往对网络调查的成败具有决定作用，需要高度重视它的一般结构、问题、回答方式的设计。网络问卷设计应该注意的主要问题，与一般的调查问卷设计基本相同。考虑到网络调查的特殊性，为了减少误差，调查问卷的设计应遵循三个原则：一是目的性原则，即询问的问题与调查主题密切相关，重点突出；在调查说明中注意说明调查的目的、意义等，争取被调查者的积极支持与合作。二是简明性原则，即问卷要尽量简单、易懂且更加完整，保证被调查者作出准确真实的回答。三是可接受性原则，即问卷设计要更具有亲和力，容易为被调查者所接受，以提高应答率。例如，合理利用互联网所提供的特有工具，如色彩、声音、图像等来增强问卷的美观性和趣味性，吸引更多的参与者，题目尽量采取选择题。除此之外，还要注意标明调查的起止时间，以免参与者错过调查。

第三，设计数据库和网页。网页调查结果通常是通过数据库直接处理的，无须人工处理。数据库在此指计算机存储、管理数据的软件系统，主要用来进行问卷编码、问题设计、答案设计等。网页调查中的数据库设计需要考虑的问题主要包括：问卷设计、数据处理的功能设计的完备性，数据的完整性和有效性，数据存储空间是否充足，访问速度能否满足访问需求等。网页设计包括客户端界面设计和后台处理程序设计两部分。客户端界面设计要方便被访者识别、验证，并易于理解、填写；后台设计则重点处理好数据的安全、有效、完整性，同时注意程序运行速度、存储空间占用、多用户并发处理、恶意代码处理、代码复用、数据备份、数据恢复、数据转换、匿名处理、重复数据处理和客户端界面数据接口等。常用的计算机数据库软件系统包括：MS Access、MS SQL 系列、Sybase、Oracal、My-SQ 等。

第四，调查者将问卷发布并实施调查。当然，在正式发布前，须进行试调查，然后通过相关链接和网络搜索加以发布。一是选择可靠性高、访问率高的网站或服务商。二是上传程序和问卷。三是通过行政通知或网络公告、电子邮件等邀请预期调查对象访问网页并填写问卷，尤其注意要激起被访者参与调查的兴趣。告知内容一般包括调查的性质、目的、内容、回答方法、网络地址、起止时间、注意事项等。以下做法可能有助于提高邀请的成功率：给出调查主题的醒目标题；指出电子邮件地址是如何得到的（如"从您的博客上获知");说明调查是谁进行的(如"受某某机构的委托进行这次网上调查研究"),并给出调查机构的地址以及联系方法;说明研究目的以及谁将得到调查数据;说明完成问卷所需要的时间(如"大约需要5分钟"),以及参加调查能得到什么奖励。同时,为了保证是被邀请者本人在答卷,防止一人回答多次,问卷程序在技术上应做些处理,如可以用在被访者回答后锁住其所处站点等技术方法来减少重复填写等不规范现象。

第五,统计和结果分析。在调查结束后,调查者获取经后台处理完成的调查数据,并根据研究目标和内容对调查数据进行统计分析。

需要注意的是,由于网页没有即时通信交互工具的灵活性强,所以在网页问卷设计中要更注意强化视觉效果,吸引参与者,尽量不要使用滚动条,减少参与者的麻烦。同时,网页调查属于随机调查,对调查对象无法实现选择,只能通过事后统计做基本情况分析。而且网络调查事实上无法覆盖全民,网络调查的代表性以及样本结构肯定存在偏差。加上网络调查的被访者一般是自愿参与或者是因为某些共同的原因而参与该调查的,通常缺少代表性抽样过程。因此,目前我国的网络调查基本上都是将研究对象限定为网民,并通过增加样本数、针对人口统计特征差异进行适当的加权处理等方式来提高研究质量。网络调查也更多地以经济较发达地区与城镇有关的问题为主,对不发达地区的、农村的、老年的主题很少采取网络调查。

当然,为了加强网络调查的代表性,也有人做了不同的尝试:第一种思路是优化问卷设计,并通过人性化及视觉化的网站设计吸引更多的人参与填写,同时减少应答的技术障碍,加强应答的代表性。第二种思路是将网络调查与传统抽样方法相结合。在调查时不区分网民和非网民,对全部总体进行抽样,并为样本中的所有被访者提供上网所需的设备,然后通过网络进行调查。这种方式可以帮助预防和减少各种误差,并能够对误差进行适当的纠正。不过这种方式成本较高,一般适用于网络固定调查。第三种思路是对网络调查结果进行修正,即采用关键因素调整法。首先确定关键因素,然后调查关键因素在目标总体中的表现水平,再测算关键因素表现水平变化量对调查目标特征值之间的函数影响关系,最后根据关键因素在网络调查中的平均表现水平与关键因素在待调查真实总体中的表现水平的差异。按前面测算的函数影响关系对目标调查值的结果进行调整。

二、其他网络调查

（一）电子邮件问卷调查

电子邮件问卷调查是比网页调查出现得更早的一种网络调查法。它是指将问卷直接发送到被访者的电子信箱，请求其主动地填答并发送回问卷的一种网络调查法。该调查法针对性强，它将目标群体的邮件地址作为抽样框，类似于传统调查中的邮寄问卷调查。其调查质量在很大程度上取决于抽样框的完备性和回复率。由于操作复杂且容易传播计算机病毒，电子邮件问卷调查没有其后发展起来的网页调查方式那样运用广泛。但电子邮件问卷调查由于其实施的隐蔽性，除了研究人员和调查对象外，其他人无法看到，因此成为一种极为重要的调查方法。

电子邮件调查的步骤为：首先，调查者设计好问卷；其次，调查者收集并选择好相应的邮件地址，群发调查问卷；再次，调查对象接到电子邮件后要填写问卷，必须完成以下步骤——下载、存储、打开、填写、保存、添加附件、发送；最后，调查者收到回复问卷，进行统计分析。作为一种调查方式，它比网页调查有更好的主动性和针对性，因为网页调查对象的随机性强，而电子邮件问卷的调查对象基于调查者的选择。

电子邮件问卷调查也存在两个问题：其一，电子邮件地址并非都能轻易获得，有些邮箱地址可能并非常用地址，甚至可能多个地址指向同一个调查对象。其二，电子邮件问卷调查的回复率一般不高。这一方面是由于电子邮件是比较私密的电子通信系统，安全过滤系统会被使用，匿名或者陌生电子邮件容易被拒；另一方面是因为电子邮件调查涉及下载、存储、打开、填写、保存、添加附件、发送等多个环节，顺利地让被调查者耐心接受调查这一点并不能得到有效保证。

为了建立有效的抽样框，可以把高访问率网站作为调查载体，运用各种激励手段，如宣传赠送礼品等吸引上网者进行个人资料注册，或形成会员制度，建立一个较大规模的志愿者数据库。调查者则可以根据调查需要，在进行某项调查时根据数据库中的某些特征值来进行随机抽样、分层抽样、等距抽样、科学配额等操作，选择有代表性的调查对象，将问卷分发到他们手中。这样做一方面可以使抽样框尽可能与目标总体相接近，从而减少调查中的抽样框误差；另一方面，由于数据库中的成员是自愿加入的，具有较高的参与积极性，因此可以降低无回答误差和计量误差。

（二）即时通信工具调查

网络即时通信工具是目前参与人数最多、普及范围最广的网络交互平台系统。即时通信工具调查正是以网络即时通信工具为基础的一种非常方便的调查资料搜集的方式。目前，网络即时通信工具非常多样，国际通用的有脸谱网（Facebook）、推特（X），国内有 QQ、微信等。人们通过这些交互平台形成共有的"群"，非常方便进行即时的具有针对性的问卷调查，从而有助于提高问卷的回收率和数据质量。另外，各种即时通信工具之间与前述的网页调查形成互联互通效应，比如新浪微博作为个人信息发布平台，会与人人网、豆瓣网、博客等形成直接链接，然后在个体参与的即时通信工具上以互动的方式进行发布，就可以多渠道、多平台地形成资料搜集方法的多元化。即时通信工具调查的缺点是以"群"为基础，调查对象的代表性往往不够。

三、网络调查的优缺点分析

（一）网络调查的优点

第一，互动性强。互动性强是网络调查最大的优点，因为网络调查问卷可以通过多媒体手段向受访者展示丰富的动画、声音和图像信息，极大地提高了信息的丰富程度，实现了问卷设计及调查方式的多样化，使受访者在回答问题时可以有多种选择，如按钮式选项、下拉式选项；而且依据网络链接逻辑，问卷的逻辑分支和跳转更为方便，也更具个体针对性；受访者也可以通过即时通信工具、邮件等多种方式即时与调查方取得联系，咨询相关的问题；调查者在后台也很容易及时发现调查中出现的错误，并采取补救措施。网络调查具有极强的交互性，可以简化调查研究的进程，并提高调查内容的效率和回收率。

第二，方便高效、成本低。网络调查通过互联网来发放、收集和处理调查研究的数据及信息，不仅降低了调查的成本，而且提高了科学研究的效率，是一个更加高效且成本低廉的新兴调查研究方法。网络调查不受时空和地域的限制，调查者无须亲临现场，更无须花钱雇用大批调查员，只需一台联网的计算机即可 24 小时向天南海北、世界各地的网民就相关主题进行开放的交互式调查。同时，网络调查数据的收集会由后台程序自动完成，减少了数据录入和整理环节，降低了人工输入误差，耗时更短，大大缩短了调查的周期，节省了大量的人力、物力、财力和时间成本。可以这样说，一个掌握了上网技术并能进行统计分析的调查者，在花费相同的调查经费的情况下，能获得和处理的数据量是采用其他调查方式的调查者的十倍到百倍不等。

第三，数据易于收集，结果易于处理，可避免人为误差。网络调查数据的收集是在线完成的，在自动统计软件的配合下，调查数据也能很快得到标准化统计分析，无须人工清点与录入，避免了数据收集和处理过程中人为因素引起的误差；同时，网上调查与自动统计、专家系统、数据库技术等相结合，可以实现调查结果的自动分析处理，易于积累多次调查结果进行对比分析，加强了调查数据收集的准确性和科学性，有效地减少了传统问卷调查方法可能出现的多种误差。

第四，有益于调查质量的监控。网络调查由于互动性和链接性强，往往能给应答者更好的指引，能更有效地减少遗漏问题，加强调查的针对性，减少测量误差；而网络调查的匿名性和跨时空性，减少了调查对象的心理顾虑，特别是当问题比较敏感时，网络调查往往能收集到更真实的答案，减少调查误差；对开放性问题的回答也往往较传统调查方式更为翔实和真实。

第五，访问成功率较高。研究者通过网络调查能够很清晰地确认问卷的发送或回应情况，并通过互动机制提高应答率和回馈率。而且在电子邮件与即时通信工具调查中，调查者更容易与调查对象建立联系，并逐步建立起比较固定的回访样本。

第六，在对于敏感性问题的调查中，网络调查能比传统的调查方法收集到质量更高的资料。网络调查具有很强的匿名性，也无须与调查对象面对面；既不会对调查对象形成直接的压迫感，方便打消调查对象的顾虑，也不会从旁对调查对象形成引导和干扰，调查对象往往更容易作出更加真实的回答。

（二）网络调查的缺点

第一，存在调查误差的问题。大量研究表明，抽样调查主要存在四种重要的误差：覆盖误差、抽样误差、测量误差和无应答误差。

首先，网络调查中的覆盖误差和抽样误差相当显著，往往成为网络调查信度和效度受到质疑的主要原因。目前，在网络调查中，网络覆盖面不足的问题已成共识，加上很多网络调查使用的是便利抽样，基本靠人的自愿来填答问卷。这种基于调查对象自愿参加的调查结果难以推论到目标总体。如果不顾样本选取的代表性而实施网上调查，那么得到的结果将与实际情况大相径庭。在运用电子邮件法进行调查时，由于网民大都拥有多个电子邮箱地址，在调查中很有可能会出现某调查多次指向同一网民的情况，从而导致调查结果产生偏差。目前，网络发展日新月异，网民数量也以指数级速度增长，地址数据库更新滞后导致的抽样框老化问题也会引起结果偏差。

其次，网络调查会产生新的测量误差。在网络调查中，计算机代替人工处理数据，人工输入数据时的错误即使不能全部消灭也能减少很多，计量误差已经不再具有传统的计量误差的意义。但网络调查中由研究者问卷设计不合理导致的错误回答和由调查对象单独面对调查表不能理解甚至误解导致的偏差，以及调查对象故意错答的现象，都会使调查结果与调查对象的真实意愿产生偏差，甚至完全相反，新的测量误差由此产生。最后，网络调查会增加无应答误差。网络调查的特殊性和网络技术的复杂性也会直接导致受访者有意无意终止或放弃填答问卷，增加无应答误差。

第二，存在调查结果的可靠性和真实性问题。网络的开放性、匿名性固然为网络调查提供了便捷，但应答者的应答行为具有很强的隐蔽性。研究者很难了解其主观态度及诚信程度，甚至难以避免一人多答、重复提交、工具辅助应答等犯规行为，导致无效问卷增加，影响调查结果。同时，网络的开放性也使私密性、匿名性很难真正实现，很多人心有顾忌，不愿意袒露自身的个人资料和真实想法，各种敏感性问题更加难以获得真实数据。如何保证调查对象在面对一个虚拟世界时依然保持实事求是的态度，这是识别技术问题，也是网络伦理问题。虽然可以通过运用人性化的界面设计，为被访者创造一个被访问的环境，使其产生真实被访问的感觉，但毕竟难以真正解决问题。

第三，对调查者的网络调查技能有更高的要求。网络调查法要求研究者必须具备比较基本的网络技术应用能力，对数据库及网络系统进行较好的管理，同时也必须花费大量的时间来设计和编制电子问卷，掌握包括网络抽样技术、网络调查方法、网络调查技术、网络调查问卷的设计与处理、网络心理和网络法律等方面的知识。遗憾的是很多调查研究者未必具备这样的条件。很多网络调查研究者仍然沿袭传统调研的理论与方法，因此在从事网络调研工作时往往力不从心，出现很多错误。

第四，网络自身的不安全因素也时刻威胁着调查研究工作的正常运作。网络安全包括硬件安全、软件安全、网络通信安全、人员安全、环境安全等。由于网络安全问题的存在，可能会出现以下问题，使网络调查受到干扰和破坏：一是调查问卷被非法入侵，并遭到篡改；二是由网络安全或工作人员疏忽导致的数据泄露或数据系统崩溃；三是由计算机设备中毒或系统老化导致的数据损坏。

第五，某些问题的调查无法通过网络实现。例如，某些试用类（如食品类、化妆品类）调查，需要调查员亲自指导或辅助线下调查，调查才能进行。

当然，在我们说网络调查有这些优缺点时，都是基于当前互联网的发展现状。而问题在于，互联网络正在迅猛发展，且其发展、变化难以预料。总体而言，网络调查法已经为社会学调查研究开启了一扇崭新的大门。人们需要根据互联网的实际情况，对网络调查的优缺点做适当的审视，扬长避短。另外，多种网络调查方法在实际应用时往往可以结合使用。甚至很多研究者会根据实际情况将线上和线下调查法结合起来使用，更有效地搜集相关数据。

第五节 方法选择的考虑因素

在选择资料搜集方法时，需要综合考虑多方面的因素。首先是调查成本，这是一项硬约束条件，没有足够的资金支持，就没有选择的空间。另外，总体类型、样本的代表性、调查周期、调查内容、问卷回收率和资料质量等因素，也都对资料搜集方法的选择有关键性的制约作用。本节将逐一对这些因素加以讨论。

一、成本

一般情况下，在三种资料搜集方法中，邮寄问卷调查的成本最低，其次是电话访问，当面访问的成本最高。因此，当经费不足，又希望利用问卷资料进行研究时，就应该选择邮寄问卷的方法来搜集资料。由于邮寄问卷利用了公共邮政资源，因此调查涉及的范围越大，地理环境越复杂，它的优点就越突出。进行一次全国性邮寄问卷调查的费用，并不一定比在某个局部地区进行调查的费用更多。对于访问调查来说，情况就完全不一样了，无论是当面访问，还是电话访问，全国性调查的费用都会高得多。

需要注意的是，虽然表面上邮寄问卷花费较低，但邮资、邮寄时的人工和时间、印刷问卷的费用，所有这些成本加起来，其实也是一笔不小的费用。如果问卷回收不理想，就需要寄送提醒信件，并且大量补寄问卷，倘若再进行一些后续电话联系，费用就更高了。因此，对于那些对问卷回收率有较高要求的调查，可考虑采用电话访问的形式来搜集资料。因为电话访问不仅访问成功率高，而且费用并不太高，有时甚至与邮寄问卷的费用持平。另外，利用专门的电话访问设备，可以大大提高电话访问的效率。因此，电话访问通常可以委托专门的调查公司来执行。

无论如何，当面访问都是最贵的，可以想象数个乃至数十个访问员、督导员，成百上千次地登门入户进行访问，劳务费、差旅费、各种补贴无疑会累积成一个可观的数字。因此，在使用当面访问时应该特别谨慎。如果研究目标可以通过其他资料搜集方法来完成，那么慎用大规模的当面访问是明智的。

二、总体与抽样

选择资料收集方法，除了要受到经费的限制外，在很大程度上，还要受到抽样总体的制约。这方面主要有两点考虑，一是抽样总体的受教育水平，二是抽样总体参与调查的兴趣和动机。如果抽样总体的受教育水平很低，阅读和写作能力很差，那么在没有访问员帮助的情况下，他们很难独立填写完整问卷；这些调查对象即使邮寄回问卷，问卷质量也是很低的。同时，相当数量的读写能力较差的调查对象，主动参与调查的兴趣和动机一般来说也较低。对于此类调查对象不宜采用自填问卷方法，最好采用当面访问的方法来搜集资料。相反，对于受教育水平较高的抽样总体，如果受访者对调查议题有兴趣，则邮寄问卷方法会收到较好的效果。

另一个与抽样总体相关联的问题是能否获取抽样框。如果能获得具有完整地址的抽样框，就可以通过名单资料进行区域概率抽样，然后使用当面访问、自填问卷的方法来搜集资料。另外，如果在获得地址的同时能得到电话号码，则还可以进行电话访问。但是，如果无法获得具有完整地址的抽样框，采用当面访问、自填问卷的方法来搜集资料就很困难。

随机拨号方法改进了利用电话访问来搜集资料的方法，让所有安装电话的住户都有被抽中的机会。如果研究设计允许放弃那些没有安装电话的住户，就可以考虑采用这个方法。从目前国内家用电话发展的现状看，在一般大中城市，电话普及率还是相当高的，因此这种方法具有一定的可行性。特别是在无法获得具有完整地址的抽样框时，可以先利用随机拨号的方法来选样，然后再配合以其他方法来搜集资料。一旦联系到住户，就可以请求对方提供通信地址，再邮寄问卷或派访问员前去当面访问。这种设计对寻找特殊人群，如高收入人群比较有效。

在决定资料搜集方法时，还要注意是否需要选取被访者来回答问题。因为如果采用邮寄问卷的方式，将问卷直接寄到住户家中或某个机构，研究者很难控制究竟是谁填了这份问卷。而在电话访问中，通过接听电话来筛选过滤被访者，也并无十分的把握。所以，如果在搜集资料时要进一步选定被访者回答问题，采用当面访问的形式是比较合适的。

三、调查周期

不同的资料搜集方法，所耗费的时间也有所不同。一般说来，自填问卷的调查时间最长，其次是当面访问，电话访问的时间最短。电话访问借助公共电话网，可以在短时间内联系到距离极为遥远的被访者。进行一个样本规模在 1000 左右的标准电话访问，需要 4~7 天；而邮寄问卷调查多半要历时两个月，有时甚至要费时三个月左右才能回收到预定规模数的样本。不仅如此，邮寄问卷的时间长短，在某种意义上是由被访者控制的，研究者一般没有什么方法能主动地缩短调查周期。因此，如果需要尽快得到调查结果，应该首先考虑采用电话访问。

当面访问的时间周期通常比电话访问长一些。对于全国范围、样本规模在 5000~6000 之间的调查，当面访问的资料搜集需要持续一个月左右。其实，当面访问的调查周期，在很大程度上取决于参与调查的访问员人数——参与调查的访问员越多，调查周期就越短；但是访问员越多，误差也越大，特别是对资料信度有很大的影响。因此，在进行当面访问时，如果排除费用问题，可以先确定一个能接受的调查周期，如一个月；然后通过试调查，确定访问员每天人均完成问卷的数量。样本规模与一个访问员一个月内完成的问卷数目之比，就是参与调查的访问员人数。当然，访问员每天完成的问卷数，在很大程度上取决于问卷的长度和难度。

四、调查内容

调查内容对选择资料搜集方法的影响有两点：一是敏感性程度，二是复杂性程度。

首先，对于敏感性话题，如有关酗酒以及其他有争议或越轨行为的调查，许多研究者认为采用自填问卷的方式比较合适，因为当被访者选择负面答案时，无须面对访问员，其心理压力比较小。也有人认为在电话访问中，由于被访者并不与访问员见面，因此比较易于回答负面答案；特别是在随机拨号电话访问中，被访者基本处于匿名状态，因此也比较容易告知真实的情况。但也有研究表明，通过电话访问得到社会约定俗成的观点的可能性较大。另外，还有观点认为，当面访问是进行敏感性话题调查的最好方法，因为访问员在与被访者的互动中，有可能与其建立一种信赖关系，进而获取敏感资料。以上种种观点，应该说都有各自的道理。在实际调查中，可以尝试结合使用多种方法，如在整个调查中采用自填问卷的形式，但在调查初期，以当面访问的形式接触一下被访者，使其对调查项目有所了解，与其建立起一种基本的信任关系，进而提高被访者的填答质量。

其次，虽然自填问卷被认为能有效处理敏感性问题，但它不太适用于处理复杂问题。特别是当问卷需要处理复杂的跳答模式，以及比较复杂的问题时，都需要访问员的帮助，才能较好地完成访问。另外，内容比较复杂的调查，一般无法用简单的一两个题目来访问，所以问卷都比较长，因此不太适合使用电话访问；再有，有些问题形式，如描述情况或事件的复杂问题，或需要一些视觉辅助资料帮助的问题，答案需要亲眼见到才能选择，而电话访问是无法满足这些要求的。因此，当问题内容和形式比较复杂时，最好采用当面访问的形式来搜集资料。

五、问卷回收率

在搜集资料的过程中，问卷回收率是一个需要被慎重对待的因素，因为它对样本代表性有着决定性的影响。前面已经提到，回收率低是邮寄问卷的致命伤，虽然邮寄问卷可以通过留置问卷的方式提升回收率，但这样就提高了调查成本。因此，当调查对回收率有较高要求时，邮寄问卷是不适合的，需要讨论的是另外两种方法。在一般情况下，当抽样总体规模较大时，利用随机拨号抽样进行的电话访问，访问成功率要比当面访问低5%以上。如果成功率低5%~10%，再乘以因为没有电话产生的缺失比例，则在选择随机拨号电话访问时，访问成功率就是一个需要考虑的因素。如果能接受这样的成功率，就可以采用随机拨号电话访问，否则就要选择当面访问，或采用其他形式的电话访问。

具体说来，随机拨号电话访问的成功率低，并非由于电话访问，而是由于采用了随机拨号方法。因为这种方法的特点之一，就是事先不通知被访者，而这恰恰是造成拒访的重要原因。如果事先能获取被访者的地址与电话号码，先寄出一封说明信函，解释调查项目的目的和内容；随后再通过电话请求被访者协助调查，那么在这种情况下，电话访问的成功率与当面访问没有太大不同。特别是研究者如果对某些被访者，特别是中途中断访问的被访者，考虑进行当面访问，进一步补充获取资料，效果会更好些。另外，样本所处的地理位置对回收率有较大影响。在市中心，电话访问的成功率较高；在郊区，当面访问的成功率要比电话访问高些。在高档住宅区、写字楼进行调查时，采用电话访问的方式，通常也会比当面访问成功率高。

六、资料质量

资料搜集方法不同，影响资料质量的因素也不同。在自填问卷中，被访者由于不认真、嫌麻烦、没弄懂问题的含义，或不愿意回答某些问题，造成错答或漏答问题，是影响资料质量的最主要因素。而在当面访问中，访问员误差，即访问员的性别、种族、态度，使访问偏离标准化访问，则是影响资料质量的最主要因素。相比之下，错答或漏答问题造成的质量问题更加严重一些。因为，很多在有疑问或误解的状态下出现的填答错误，研究者一般是很难发现并纠正的。而且即使想纠正，也是一件极为耗费时日的工作。而漏答则会造成数据缺失，虽然有各种处理缺失数据的方法，但都是不得已而为之的办法，无法从根本上提升数据的质量。至于访问员误差，虽然它对资料质量也会造成负面影响，但通过访问员培训，以及在实地调查中督导员的监督，在很大程度上还是能得到控制的。因此，如果对资料质量有较高的要求，最好采取当面访问的方法来搜集资料，如学术性调查最好采取当面访问的形式。

另外，以上两种造成误差的因素，在电话访问中都可能存在。但访问员及电脑辅助电话访问程序，能及时纠正被访者的错答或漏答问题；而在专门的电话调查机房集中访问，督导员可以及时纠正访问员的偏差行为。因此，这两种因素的负面影响，在电话访问中都不那么显著。如果考虑到电话访问成本较低、周期较短，那么在问卷难度不大、长度适当的情况下，可以考虑进行电话访问，如市场调查、民意调查，都可以用电话访问的方式进行。

以上从不同侧重点出发，讨论了应如何选择资料搜集方法。表 5-2 是对于讨论结果的一个简单汇总。不难看出，除了经费方面的限制，选择当面访问来搜集资料的理由最为充分，而且它也是进行难度较大的学术性调查的最佳选择。相比之下，对于大多数非学术性调查而言，电话访问应该是首选方法。但如果确实经费拮据，对资料质量、调查周期都没有太高要求的话，便可以采用自填问卷，特别是邮寄问卷的方式来搜集资料。

表 5-2　三种资料搜集方法在不同因素上的评价

	自填问卷	当面访问	电话访问
成本	✔	×	✔
总体与抽样	×	✔	—
速度	×	—	✔
问卷难度	—	✔	×
回答率	×	✔	✔
资料质量	×	✔	✔

注："✔"表示优良，"—"表示一般，"×"表示较差。

第六章　标准化访问

第一节　标准化访问概述

标准化访问是一种高度控制的访问形式，即通过事先设计好的测量工具和程序来完成访问，以达到最大限度实施科学测量程序的目的。在标准化访问中，访问员误差是最主要的误差来源。因为，保证访问员行为的一致性是很困难的。下面将先讨论标准化访问的含义及适用范围，然后探讨访问员误差的含义及确认方式。

一、标准化访问的含义及适用范围

一般说来，访问是指访问员通过与被访者的口头交谈来获取信息的过程。访问主要由题目和回答构成；而且交谈双方有不同的角色定位。访问员主要是提出问题，被访者则主要是回答问题，虽然有时访问员也许会主动提供一些相关信息或解释，被访者也会向访问员询问一些问题，但他们这样做的目的都是为进一步的提问和回答做准备。

（一）标准化访问的含义

标准化访问又称结构式访问，是一种对访问过程高度控制的访问形式。这种控制主要表现在以下几个方面：首先，访问是按照预先设计好的问卷进行的，问卷上的题目可能是开放式的，也可能是封闭式的，对于后者还预先设计了答案选项。其次，访问员在访问时，只能按照问卷上的指导语、题目和顺序进行提问，不能随意对题目进行解释和发挥。最后，当被访者不清楚题目含义时，访问员只能重复题目，或按访问员手册上的统一说明进行解释。

不难看出，对访问的控制是通过一套预先设计好的测量工具、测量程序和测量规则来完成的，这样做的目的主要是满足科学测量的需要。因为，在科学研究中，如果测量对象互异，那么只有使用标准化的测量工具、测量程序和测量规则，才能真正测量出对象本身的差异所在，才能对测量结果进行比较和诠释。也就是说，标准化是实施科学测量的关键所在，作为科学测量手段的当面访问和电话访问，用标准化访问来搜集经验资料，道理也是如此。因为，只有使每一位被访者都经历相同的答题过程，访问员按统一的记录方式记录答案，这时答案显示出来的差异性，才能被正确地解释为被访者之间的差异，而不是资料搜集过程的差异。

对于询问被访者个人意见、主观感觉或陈述的题目，标准化访问程序比较容易理解。因为，此类题目的答案在很大程度上依赖于被访者对题目字句的判读和理解。题目字句不同，被访者的答案可能会有差异，甚至完全相反；而对于询问事实的题目，如询问收入、年龄或住院次数等，是否也要严格遵循标准化访问程序呢？答案是肯定的。搜集事实性的调查资料，标准化访问程序也是必要的。因为，即使是最简单的题目，也需要被访者对其字句、词语和概念都有相同的理解；不同的理解会使不同的被访者给出完全不同的答案。如果要询问被访者的年收入，就应该给出有关年收入的相同的、完整的定义，讲清楚哪些收入属于年收入，哪些收入不属于年收入，应包括哪一段时间的收入。

（二）标准化访问的适用范围

虽然标准化访问是一种有效的资料搜集方法，但在社会研究中，有些资料搜集过程并不适合使用标准化访问。如进行探索性研究，就不宜采用标准化访问。在研究的探索阶段，研究目标是考察研究者感兴趣但又不了解的现象，并从中找出要进一步询问的题目。而标准化访问的题目都是结构性或限定性的，研究者对要询问的题目以及可能出现的答案选项，应该事先就很清楚，访问中得到的答案也都是局限在所询问题目的范围内的。也就是说，通过标准化访问不可能增进对现象的了解，也不会发现任何要进一步询问的题目。

标准化访问同样不适用于个案研究。因为，个案研究一般希望对某个特定的对象进行详尽的描述，这时被访者是作为研究者的合作对象出现的。开始时，研究者会向被访者解释研究的目标和涵盖的范围，但在随后的访谈中，研究者会根据被访者叙述的不断展开而自由发挥，即兴提出相应的问题，从而得到被访者个人的特定经历的说明。这就犹如医生对患者病情的询问，目的就是了解患者的特殊病情，并不将询问结果推论到其他患者身上，也不将询问的结果与其他患者的病情做比较。

除了以上两种典型情况外，在社会研究中，只要目的是搜集特定被访者的个人特征信息的调查，就不适合使用标准化访问形式。这时比较适合采用以被访者个人叙述为主的个别访谈形式。在这种访问中，访问员可以解释和澄清题目，进一步提出新的问题，以及概括、总结被访者的答案，并据此形成记录。总之，这里需要再次强调，尽管标准化访问是一种有效的测量手段，但它并不适用于所有调查研究。

二、访问员误差的含义及确认方式

（一）访问员误差的含义

从理论上讲，误差是指调查资料与研究者所要测量的"真实数据"之间的差异。在调查的各个阶段，如抽样、问卷设计、调查访问和资料处理等，都有可能产生误差。其中，在调查访问阶段由于访问员的影响而产生的那部分误差，被称为访问员误差。在实际访问中，即使采用了标准化访问程序，仍无法使访问员的所有举止都一样，也就是说，不可能完全消除访问员误差，仅仅是设法使访问员对访问资料的影响减至最小。在对误差进行分析时，如果发现调查资料与访问员特征存在某种程度的关联性，或者说被访者答案的"变异"与进行访问的人有关联，就可以判定出现了访问员误差。

（二）访问员误差的评估标准

根据测量理论，可以将信度和效度作为评估访问员误差的标准。如前所述，信度是指一个测量产生一致性结果的程度，一致性程度越高，信度也就越高；反之亦然。在标准化访问中，如果访问员对被访者的回答没有影响，那么对于某位被访者来说，无论哪位访问员来访问，其回答都应该是一样的；而实际情况经常是相反的，即不同的访问员得到的结果不一致。也就是说，访问结果不仅反映了所要测量的"真实数据"，也反映了被访者对当时情景的感受，包括对访问员误差的感受。显然，访问结果的不一致程度越高，说明访问员误差越大，资料的可信程度越低。

测量过程执行好坏的另一项评估指标是效度，即实际测量结果与研究者所要测量的结果之间的相符程度。相符程度越高，效度越高；相符程度越低，效度则越低。在实际应用中，效度的评估通常是测算实际测量与某个标准测量之间的相关程度，如对调查数据与人口普查数据进行相关分析。实际测量与标准测量之间的相关程度会随着访问员对答案的影响程度，以及访问员相关误差的增大而降低。

在实际访问中，访问员误差不仅无法完全消除，而且不容易被发现。如果没有特别的测量程序，很容易就会忽略调查资料中的访问员误差。而标准化访问程序在很大程度上，正是为了有效地减少和控制访问员误差而设计出来的特别测量程序。从一定意义上说，任何访问员误差都可以被视为对标准化访问程序的偏离。也就是说，一旦出现访问员偏离标准化访问程序的情况，就可以断定他们影响了被访者的回答，即出现了访问员误差。

（三）访问员误差的确认方式

在实际访问中，可以通过以下三种方法来确认与访问员相关的误差。

首先，直接对访问员的访问过程进行观察。这种观察既可以由督导员在访问现场实施，也可以通过事后观看访问过程的现场录像。对访问员的这种观察能够显示出在访问中是否有偏离标准化程序的行为发生，但观察无法显示偏离对答案的影响程度。其次，可以将访问结果与访问员进行相关分析，如果具有显著的相关性，则表明访问员对访问结果有影响；反之亦然。不过实施这种方法需要满足以下条件，即分配给每位访问员的被访者应该是一个有代表性的子样本。如果被访者是随意分配或按便利原则分配给访问员的，那就无法分辨访问员的影响了。最后，可以将访问结果与某种标准答案进行比较，对访问结果进行效标效度检验。但是，真正能够作为效标的资料是非常稀缺的，在调查实践中，人口普查资料经常扮演效标的角色。

第二节　标准化访问的原则

标准化访问的目标是尽可能减少由访问员特征差异造成的调查误差。在实际调查中，虽然无法让所有访问员的特征完全一致，但标准化访问的原则，能够大大降低访问员彼此之间的行为差异，从而最大限度地减少访问员误差，提高调查资料的质量。下面将讨论标准化访问中的一些主要原则，包括访问中的提问、追问和记录方法，以及访问中访问员的中立立场和训练被访者等内容。

一、完全按题目提问

要实现标准化访问，首先就要给所有被访者完全相同的刺激，即完全按题目内容对被访者进行提问。一般说来，按照题目内容逐字读出题目，是大多数访问员手册会提及的格式内容，但是，在实际访问中，很多访问员仍然会改变题目的用字。其原因是有些题目读起来不那么顺口，如果按原题目用字读题，则不利于与被访者进行交流。对于这种情况，研究者应该在问卷设计阶段，尽可能根据问卷试用时的反馈信息，在不变更题目含义的前提下，使题目比较口语化。除题目编写得不好外，访问员改变题目用字的原因是其认为这样做对访问更有利：一方面，访问员有时会担心被访者没有真正把握题目的意思，故而在重复读题时，会改变或强调题目的某些用字；另一方面，由于非正式互动容易建立起信任关系，因此访问员会将用书面语言撰写的题目改成口语，从而使访问以会话的方式进行。

综上所示，可见在调查中，访问员经常会根据自己的需要改变题目的用字，而且老访问员比新访问员更容易违反此项规定。虽然大部分访问员会申辩说，自己的改动不大，而且是为了提高访问质量才这样做的，但从测量的角度看，任何非标准化的变化，都有可能对测量质量产生不利影响。因此，需要对改变题目用字产生的访问员误差进行评估，如果有较大的影响，那就应该制定出相应的措施，防止访问员改变题目用字。

已有的研究表明，如果仅仅改变题目的叙述形式，使那些比较拗口的语句更容易读一些，通常是不会使资料产生显著的访问员误差的。但是，访问员对题目某些用词的强调，可能会导致访问员误差。因为，强调意味着要重复这些用词，这使得被访者受到的刺激强度发生改变。较好的做法是只完整重复读题，或按统一的约定解释词义，而不刻意重复或解释某个用词。最容易产生问题的是改变题目中的关键用词。例如，在下面的两个题目中，只有一个词被改动了，但结果发生了很大变化：

题目1：是不是应该禁止乞讨者在公共场所乞讨？

题目2：是不是应该不允许乞讨者在公共场所乞讨？

应该说"禁止"和"不允许"这两个词的字面含义没有太大差别，但听起来"禁止"的提法要强烈得多，因此字面的变动往往会对被访者产生不同的影响。对于公众而言，实际上不同意在公共场所乞讨的人数是一定的，但公众对两个题目的回答很可能是不一样的，选择"不允许"的人数可能会多于选择"禁止"的人数。虽然在某些访问员看来，这种改动是无害的，可能更加口语化，使题目更容易被受访人理解，但访问员的用词差异造成的误差，会对资料的准确性造成巨大的危害。同样的情况可能会出现在表 6-1 的用词中：

表 6-1　用词比较

比较受支持	比较不受支持
援助贫弱者	福利
遏制日益上涨的犯罪率	执法
处理吸毒问题	力戒毒瘾
解决大城市问题	救助大城市
确保社会治安	社会治安

另外，当题目有多个答案供被访者选择时，访问员本应逐一将每个选项读出，但有些访问员经常会去掉或加上"没意见"这个选项。正如前文提到的那样，是否包含"没意见"或"无所谓"这种中性选项，对答案的分布是有相当大的影响的。因此，访问员不应为了方便，就省去这种答案；当然也不要画蛇添足，自作主张加上。

以上所述大多是改变题目用词的负面影响，其实在具体调查中，也存在题目用词有较大改变，但对被访者的答案没有太大影响的情况。例如，有研究者将题目中的"妊娠终止"一词，改变成"堕胎"，结果发现对答案没有显著影响。也就是说，访问员改变题目用词的影响，有时是很难预料的。这就需要研究者在设计题目和组织调查时，预先设想一下被访者对不同词语可能的反应。特别是要留意社会期望因素对问答过程的影响。因为，无论是访问员还是被访者，都经常会根据社会期望来调整自己的言谈话语。当然，为了保险起见，最好制定具体措施防止访问员改变题目用词。

二、适当地追问

当访问员按题目提问后，如果被访者没给出令人满意的答案，这时访问员应根据具体情况，对被访者进行适当的追问。在这个过程中，访问员一方面要根据被访者答案的类型，采取适当的追问策略，另一方面则需要注意防止出现追问误差。最常出现的追问误差有两种，一种是引导式追问，另一种是该追问时没有去追问。下面将讨论什么样的回答应给予适当的追问，以及追问中可能出现的误差情况。

（一）追问与选项不符的回答

在标准化访问中，封闭式题目是最常见的题目形式。这种题目的设计目标是让被访者从答案选项中，选择出最符合自己情况的答案。在实际访问过程中，一些被访者可能会给出与答案选项不符的回答，这很可能是由于不理解题目设计的要求。这时访问员应该先告诉被访者，答题的方式是从给出的答案选项中选出一个最符合自己情况的答案；然后访问员再念一遍题目和答案。

在进行以上追问时，访问员很可能会犯两种错误。一种是访问员可能会越俎代庖，由自己替被访者挑选一个答案。由于被访者的回答与某个答案选项有类似之处，但又不完全相符。这时一些访问员经常会将被访者的答案归入那个选项，而不是通过追问，让被访者自己来选择。如在以下题目中，就可能发生这种错误：

访问员：您觉得目前公司订餐的快餐店的饭菜质量如何？很好、不错、还可以、还是不好？

被访者：公司附近的快餐店就那么回事。

面对这样的回答，访问员很可能凭借自己的理解，从答案中勾选一项，然后继续问下一个题目。问题是每一个访问员都认为自己勾选的是合适的选项，可访问员们彼此之间并不一致。其实，最合适的选项应当是被访者自己选的，尽管被访者对题目的理解也会有误差，但它与每个访问员无关，而这正是标准化的关键所在。所以，访问员正确的做法是通过复述题目和答案进行追问。

其次，有些访问员虽然进行了追问，但在复述题目和答案时，没有将所有答案选项都复述一遍。如在上面例子中，当被访者回答"就那么回事"时，访问员可能会这样追问："您的意思是'不错'，还是'还可以'？请您说得更明白些。"访问员这种做法实际上是一种引导式追问。因为，他排除了"很好"和"不好"这两种可能的答案选项，这无疑会影响被访者的选择。类似这种只截取部分答案的做法，实际上已经改变了原题的刺激条件，偏离了标准化访问原则。

（二）追问不精确的回答

在标准化访问中，访问员经常会要求被访者在回答题目时，提供一些比较精确的数字，如家庭收入、人均住房面积、公司员工人数等。面对这样的题目，被访者可能因记不清楚或懒得细想，只提供一个宽泛的数字或一个大概数字。对此，访问员应进行适当的追问，使得答案更精确一些。在追问中，访问员要特别注意不要进行引导式追问。因为引导式追问向被访者建议了某个特定的答案，使这个答案有更多的被选中的机会。下面的例子对引导式与非引导式追问进行了比较：

访问员：在最近一周内，有几个晚上您是在家中用餐的？

被访者：我一般都在家中用餐。

显然，被访者给了一个不太精确的回答，访问员的追问如下：

访问员（引导式追问1）：您的意思是，在最近一周内，您一次都没在外面用餐？

访问员（引导式追问2）：您的意思是，在最近一周内，您在家中用餐的次数是7或6？

这两种追问之所以是引导式的，是因为这些追问向被访者建议了特定的答案，或者说将被访者的回答引向了特定的答案。其实，可以根据一个简单的方法来确认引导式追问，这就是看它能否用"是"或"否"来回答：能用"是"或"否"回答的，就是引导式追问；不能的就不是。在上面例子中，第一种追问显然是可以用"是"或"否"来回答的；第二种追问虽然不像前一种那么直接，但它在列举或提及某些可能的答案时，排除了其他答案，因此也是引导式追问。因为，它增加了被列举答案中选的机会。正确的追问方法应该是：

访问员（非引导式追问1）：在最近一周内，有几个晚上您是在家中用餐的？

访问员（非引导式追问2）：请您告诉我，在最近一周内，您在家中用餐的次数是多于6，还是少于6？

被访者：多于6次。

访问员（非引导式追问2继续）：您的意思是，在最近一周内，您在家中用餐的次数是6或7？

要特别强调的是，把原题目再念一遍是最好的追问方法，因为此时被访者并没有回答题目。同时，这也是符合标准化的做法，因为每一位访问员都没有可能改变题目。另外，从保持不引导的原则看，上例中的非引导式追问2也是可行的。这里访问员采用了"校对"技术，即先对答案可能出现的范围进行合理的猜测，然后针对某个关键值提问，看答案会落在关键值左边还是右边；接下来再针对已缩小范围的答案提问，进一步确认答案的数值。虽然"校对"技术是一种提高答案精确程度的有效方法，但它并不完全符合标准化原则。

（三）追问"不知道"的回答

在标准化访问中，被访者经常会回答"不知道"，如果这种答案的比例过高，会使资料质量下降。其实，被访者"不知道"的回答传递出的信息是多种多样的。对一个询问意见、态度、观点的题目，它可以表示被访者不愿回答这个题目。对一个知识性题目，它可以被理解为一个合理的答案，但它也可能只是一种延迟反应模式——被访者在考虑答案时，习惯性地以此为开场白；或者它表示被访者从前没想过这个问题，不排除被访者只要略想一下，就能想出答案来；再或者它表示被访者吃不准自己的答案是不是符合访问员关于正确答案的标准。

正是由于有多种不同的理解，因此在出现"不知道"的答案时，访问员最好能分辨，在必要时，尽可能地给予适当的追问，以获取进一步的信息。第一，如果对于知识性题目，"不知道"被认为是一个考虑周到的正确答案，访问员就可以记录下答案，接着问下面的题目。第二，如果"不知道"只是一种延迟反应模式，就应该给被访者思考的时间，这时访问员可以重复一遍题目，来帮助被访者思考。第三，如果被访者没想过或不愿意想这个题目，访问员就应该对被访者加以鼓励，特别是要强调被访者是最适合回答这个题目的人选，然后重复一遍题目。第四，如果被访者不敢肯定自己的答案正确与否，访问员应向其说明，答案无所谓正确与否，只要如实地将自己的理解、判断说出来即可。最佳的信息就是被访者自己给出的答案，然后重复一遍题目。总之，访问员在听到"不知道"的回答时，不要轻易放弃努力，而应该试着给予被访者适当的追问。

（四）追问开放题

在标准化访问中，开放题的追问是最难控制的，不同调查机构的要求也有很大差异，因此这类追问特别容易产生访问员误差。降低访问员误差的最好办法，就是在标准化访问中尽可能少地使用开放题。如果必须采用开放题，研究者最好能针对需要追问的情景，对追问用语进行统一规定。一般说来，在被访者回答开放题出现以下情况时，访问员应给予适当的追问。

第一，被访者答案的内容并没有回答题目，而是答了某个其他的问题。例如：

访问员：在您看来，工作场所里最好的事情是什么？

被访者答案1：我上次工作的那个公司，大家都忙忙碌碌的，彼此并不太在意维持同事关系。

显然，这里被访者答非所问，这时访问员应该将题目再念一遍。

第二，被访者的答案中有一些不清楚的概念或名词，使答案的语义模糊不清。例如：

答案2：这里的人。

这个答案究竟指的是什么，是不十分清楚的。对于这种语意不十分清楚的答案，访问员就应采用以下形式的追问用语，进行适当的追问。

访问员追问1：请您多告诉我一些您所提及的人。

第三，被访者答案不够详细或具体。例如：

答案3：这里的人都是些很好相处的同事。

或许这样的答案已经会使许多访问员满意了，但很难说它也是让研究者满意的。因为，对题目中的"事情"的理解是开放的，研究者究竟是否会满意答案，取决于题目的目标和访问的深入程度。在这个答案中，不同的被访者对"好相处的同事"的理解，可能是会有差异的。目前的答案并没有提供足够的信息，来分辨被访者答案的彼此差异。访问员应采用以下形式的追问用语，进一步挖掘出被访者答案含义中的差别。

追问2：您所谓好相处的同事指的是什么？

答案4：他们自顾自，从不来打扰你。你不用劳神他们是怎么想的，也不用花时间和他们交往。

这样的答案可能不会使一些访问员惊讶，因为他们可能也有同感；但这样的答案也可能会使其他访问员感到吃惊，因为"好相处的同事"，似乎应该是热情、友善、热心助人的。由此看来，适当的追问的确很必要，否则真就无法弄清某些被访者对一些美好事物的理解了。

第四，开放题是可以让被访者无限制地提出自己的答案的，因此访问员即使得到了非常合适的答案，也要注意到被访者还有可能提出其他观点的答案。在上面的例子中，被访者还可能对工作场所提出另一件"最好的事情"。所以，访问员应追问道：

追问3：还有没有其他的了？

直到被访者回答：

答案5：没有了。

三、完整记录答案

在标准化访问中，除了提问和追问外，访问员还要对被访者提供的答案进行标准化记录。与按题目逐字提问类似，标准化记录的关键是要完整地记录被访者给出的答案，在记录的内容中排除访问员的判断、归纳、解释或修改。根据题目的形式，可以从两个维度来确定标准化记录的规则：一是看题目是开放的还是封闭的；二是看题目是要求事实性答案，还是要求意见性答案。

第一，如果题目要求被访者以开放题的形式阐述自己的意见或感觉，那么访问员在记录时唯一可遵循的规则就是逐字记下被访者回答的每一个确切字句，不做归纳，也不做删减。因为，主观性题目的答案，与被访者的措辞方式和强调的重点有很大关系。而每一个访问员在归纳或改写时，都会按自己习惯的措辞方式去记录，将记录做成与自己对被访者的感觉一致，这样就有可能改变答案所表达的意思。需要提醒的是，在访问中，逐字记录开放式主观题答案，需要访问员投入很大的精力。在一般情况下，访问员是不会始终如一、主动去这样做的，所以督导员的严格监督是必要的。

第二，对于开放式的事实性题目，并不一定要逐字记录，但对被访者提供的信息要无一遗漏、完整地记录下来。因为，事实性题目通常是问某种特定的信息，被访者回答时的措辞不是重点，访问员在记录时，关注的重点应该是答案中的相关信息。对于被访者的措辞，访问员可以自行决定删减，但不能由于删减字词而遗漏答案中的相关信息，否则就会对标准化访问构成威胁。

另外，被访者在回答事实性题目时，可能会不理解某些概念的含义。这时除非有统一的解释，否则访问员千万不要提供定义或帮助他们答题，因为这种计划外的即兴解释会破坏访问的统一性。比较好的做法是，将所有与回答题目相关的信息都集中起来，经过事后分析给出统一解释。例如，当访问涉及"受过几年正规教育"时，由于很多中学后的教育与一般的教育体制（中学以下、中学、大学专科、大学本科）不太一致，因此当被访者想说明自己在中学后，在艺术、音乐、护理和汽车维修等方面接受的教育时，就很难明确这些教育能否算正规教育。在这种情况下，访问员应该忠实地将被访者所有的受教育经历统统记录下来，让负责数据处理的人员给出统一的处理方案。

第三，对于封闭式题目，访问员犯错误的可能性不大，因为此时他们的主要工作是让被访者选择答案，然后将选中的答案记录下来，即使有记录误差，也多是笔误，属于随机误差范畴。在封闭式题目中需要强调的一点是，在有多个答案选项的情况下，如果被访者不能确定哪个选项符合自己的情况，那么对于事实性或意见性题目，记录方式会略有不同。对于事实性题目，应比照开放式题目的处理方式，将被访者提供的所有相关答案信息统统记录下来；等到数据编码、录入时，再决定采用哪一个答案。而对于意见性题目，一种处理方式是追问被访者，直到他选定一个答案为止；另一种处理方式是只记录被访者提供的答案的内容，不对其进行归类，留待以后再决定。

四、保持立场中立

在标准化访问中，被访者与访问员之间是一种"即时关系"，即在很短的时间内，访问双方在只了解对方有限的背景信息的情况下，由访问员介绍其任务、解释其目的，在征得被访者同意后，与被访者建立起的一种信息交流的互动关系。这种关系的建立及其对资料质量的影响，在很大程度上取决于访问员的角色定位。一般说来，访问员在互动中扮演一种既具有权威性又受人尊敬，类似于教师、医生、律师或社会工作人员那样的角色是比较合适的。

第一，从访问关系的建立看，被访者一般是通过对访问员的感觉，来判断访问的正当性、合法性的。只有在确定自己没有风险、访问员不会伤害自己的前提下，他才会接受访问。由于访问关系的建立通常依靠几分钟的互动，而且在电话访问中，被访者甚至没有视觉感知，只能靠听觉来形成印象。因此，被访者通常会借助于自己比较熟悉的角色关系，来界定访问关系。在生活中，教师、医生、律师或社会工作人员这样的专业人士，通常是受到普遍信任和尊敬的，因此访问员的角色定位越贴近以上职业，就越容易为被访者所接受。

第二，由于调查访问经常会问到个人信息，有时还会涉及一些令人尴尬，甚至牵涉某种风险或威胁的信息，在通常情况下，人们可能会把这样的信息透露给自己的亲密朋友，而不会讲给陌生人听。要求访问员在几分钟内成为被访者的个人密友，几乎是异想天开的。但是，如果访问员以一种权威性专业人士的形象出现，那么被访者反倒有可能讲述自己的故事。就好像去医院看病、去法院打官司，人们会向医生、律师倾诉自己的隐私一样；当确信对方是在帮助自己而不会伤害自己时，被访者通常更希望将个人隐私告诉一个完全陌生的，但看起来专业的人士，而不是告诉自己通过非正式途径认识的熟人。

尽管在访问中，访问员以专业人士的角色出现有利于提高访问质量，但这种专业权威的角色模式，也存在着不足之处。因为，访问员的权威角色会给被访者造成一种无形压力，使被访者觉得有责任和义务在回答中尽可能答"对"，或尽可能提供更加复杂、周全的答案，而不是放松地回答题目。被访者这样的做法，不仅不会帮助访问员，反而会影响资料的质量。虽然存在以上不足，但友善、专业人士的形象仍是被提倡的访问员的角色定位。这种角色定位同那种完全没有距离，与被访者保持高度"和谐关系"的角色定位相比，对资料的不利影响要小得多。

以上内容主要是对访问员角色定位的理论认识，在实际访问时，更重要的是要解决角色执行问题。不同专业人士可能由于职业差异，在角色执行中会有不同表现，但他们的一个共同职业特征就是在与自己的服务对象打交道时，都会保持一种中立的立场。因此，以专业人士形象出现的访问员，也需要保持中立的立场。这通常需要访问员在行为举止上注意做到以下几点：

首先，在访问进行时，访问员一定不要向被访者谈论自己的个人经历、自己对社会现实的看法，更不要表述自己的价值判断。否则会破坏搜集资料这一专业化的访谈目标，使访问蜕变成一种建立个人关系的"拉家常"，严重影响资料的质量。访问员面对被访者的生活场景，只应该是一名旁观者，而绝不能成为一个参与者。因为，访问员的经历、看法和价值判断，不仅会直接干扰被访者对题目的回答，有时甚至会使一些被访者揣摩访问员对答案的个人偏好，从而按访问员的意愿去回答题目。另外，不同的访问员的个人特征也不尽相同，故每个人的情况和看法也会有差异，由此就会对不同的被访者产生不同的刺激，进而降低访问的标准化程度。

其次，在访问的互动中，访问员一定要处理好对被访者回答的反馈。访问员既不能完全漠视被访者的回答，也不能在反馈中隐含对被访者回答的评价或判断。不可否认，大多数被访者在访问的互动中，会在意访问员对自己的答案的看法。一方面，如果访问员对被访者的回答无动于衷、缺乏回应，那么被访者通常会有挫折感，会丧失回答题目的积极性；另一方面，如果访问员在回应被访者时，反馈信息包含对被访者答案的褒贬，就会使被访者隐藏起自己真实的答案。下面是一个褒贬被访者答案的极端案例：

访问员问被访者一天喝多少酒，当被访者说他一天喝6杯时，访问员的反应是："哦，我的天呀！太可怕了！"

当然在实际访问中，进行如此莽撞的评论的访问员是不多见的。比较难处理的是访问员微妙的回应过程。例如，当访问员问及健康情况时，被访者回答说："我已经有一年多没去医院看病了，我想自己的身体应该是不错的。"对于这个答案，访问员可能顺口说道："那真不错。"表面上看起来，访问员的反馈没什么不对的，但是，从专业调查的角度看，访问员的回应是有问题的，因为他的回应包含了赞许被访者健康体质的价值判断。面对访问员如此的评判，被访者以后的回答很可能会夸大自己的健康程度，因为他不愿意让访问员看轻自己。由此可见，访问员在话语、行为上的任何暗示，都有可能成为被访者揣摩自己下一步行动方向的线索，而这的确会给收集资料造成偏误。

总而言之，在访问中，访问员应该尽可能通过保持中立的立场，与被访者维持一种专业化的访问关系，尽量将被访者对建立人际关系的意愿降至最低。同时，还应注意在访问的互动中，尽量减少专业化角色给被访者带来的心理压力，维持一种能够自由交流的互动氛围。

五、训练被访者

每一位访问员都应该认识到，在日常生活中，标准化访问并不是一种常见的谈话方式，因此在开始进行标准化访问时，被访者可能并不知道该做些什么。在被访者看来，标准化访问不过是一场礼貌、友善的会谈，只要谈谈一般的想法，简单地填个问卷就行了。被访者一般不知道标准化访问是一个严肃的测量过程，有着十分严格的结构化操作程序，对每一项操作规则都有严格的规定，需要被访者提供精确的答案。因为被访者对标准化访问知识的缺乏，所以访问员必须担负起教师的责任，向被访者解释标准化访问的规则，以及采用标准化访问的理由，帮助他们了解访问互动对他们的角色要求，帮助他们掌握完成访问的技能。访问员的这项工作被称为训练被访者。

在访问中，访问员可以采用多种方法来训练被访者，最常用的形式是标准化指导，即访问员通过语言解说，主动向被访者解释标准化访问的规则。另外，训练也可以利用影音示范或要求被访者作出承诺等形式来进行。需要注意的是，访问员除有意识地训练被访者外，他在访问中的一言一行也都在无意识地向被访者传递着访问的目标和规则，这其实就是对被访者的一种广义上的训练。因此，访问员要尽量传递正确的访问信息，避免错误言行发生。下面具体介绍训练被访者的方法。

（一）标准化指导

标准化指导是指访问员就标准化访问的含义和操作方式，向被访者作出的说明。由于被访者通常不了解标准化访问,因此调查的设计者可以要求访问员在访问之初,向被访者简短地介绍一下标准化访问。下面一段文字就是这种介绍的一个实例:

访问员:下面我将对您进行一次标准化访问,在访问中,您将会被问及两种类型的题目。一种是开放式题目,您需要用自己的话来回答;另一种是封闭式题目,我将为您提供一些答案供您选择,您可以按题目的具体要求从中挑选出最适合的答案。我会完全按题目的字句来提问,这样做是为了保证在此次调查中,每一位被访者被问到的都是一样的题目;如果您没听清题目,我会重复该题目。您有足够的时间来考虑如何回答,如果有任何疑问或不清楚的地方,请尽量提出来。您回答的正确性和完整性非常重要,希望您能尽力合作,谢谢!

这种介绍可以起到两个作用:一是可以使被访者对标准化访问有所了解,认识到这种特殊的访问形式不同于自己以往的受访经验,进而接受访问员对标准化访问规则的界定和解说。二是能使被访者了解标准化访问的操作方法,不仅知道自己该怎样做,同时也了解访问员的操作规范,这样在客观上起到一种监督效应。例如,访问员如果没有严格按题目撰写的字句重复读题,就有可能遭到被访者的质疑。

除了简短的介绍外,标准化指导的另一项内容是,当被访者在访问中遇到困难,或没有严格执行访问规则时,访问员对访问规则的内在含义进行重新阐释。需要访问员重新阐释访问规则的,大致有以下几种情况:

第一,在访问中,被访者经常会针对题目中的某个概念提出质疑。其认为概念含义模糊,而且从题目的字句中无法得出被访者认为合适的定义,这时被访者通常会要求访问员给出解释。在此种情况下,如果访问员手册上对此概念有统一的解释,访问员可以按统一的口径向被访者加以说明。如果访问员手册上没有统一的解释,访问员绝不可以自己给出独立的解释,否则会严重影响资料的质量。正确的做法是按以下说法,对被访者进行标准化指导:

访问员:我已经知道您的疑问在哪儿了。问卷中的题目虽然已经经过严格的测试,但还是很难符合每一位被访者的情况,可能会有一两个题目被访者搞不清楚。但需要说明的是,标准化访问强调访问过程的统一,需要每一位被访者能根据题目所写的,提出自己的最佳答案。如果在访问中,访问员的独立解释使题目发生了变化,研究者就很难对这些题目的答案进行分析了。所以,我再给您念一遍题目,请您根据题目所写的,提出您认为最适当的答案。

第二，在访问中，被访者经常在回答题目遇到困难时，请家人帮忙回答，这时访问员应进行区别性处理。如果被访者回答的是事实性题目，例如家庭收入、住房面积、看病或住院次数等，可以让家人或其他知情者帮助被访者来回答，这是因为对于这种题目，访问的目的主要是获得正确的信息。但是，如果被访者要他人帮忙回答的是意见性题目，访问员就应加以阻止，并对被访者进行标准化指导：

访问员：您将要回答的题目主要与您的感觉或意见有关，它与事实性题目，如家庭收入、住房面积不同，回答事实性题目，您可以与任何知情者商量，以给出最正确的答案。对于自己的感觉或意见，一般说来，当事人自己应该是最清楚的；外人即使很了解当事人，也不可能给出比当事人自己的答案更正确的答案。因此，标准化访问总是要求每个当事人独立地回答有关自己感觉或意见的题目。为了保持访问过程的统一，请您在回答有关感觉或意见的题目时，不要与他人商量，自己独立回答。

第三，在访问中，针对某些意见性题目，被访者有时还会询问访问员的意见或看法。与上一种情况一样，被访者的这种要求同样是违反标准化访问的规则的。对此访问员的正确反应是通过标准化加以婉拒：

访问员：对不起，按标准化访问规则，在访问中，我不能对与访问有关的内容发表任何意见。因为，访问员的意见或看法会影响访问结果的真实性。如果时间允许，我可以在访问结束后，就您感兴趣的题目，谈谈我的看法。现在还是请您根据自己的理解，提出您的意见或看法。

第四，在访问中，有些被访者在回答开放题时，讲得很快，以至于访问员无法将答案逐字记录下来。面对这种情况，访问员不要迁就被访者，以摘要的方式记录答案，而要明确地通过标准化加以指导，让被访者放慢回答速度：

访问员：按标准化访问规则，对于开放式题目，我必须逐字记录下您的答案，而不能进行概括或摘要，这样做的目的是保证答案的完整性。因此，您在回答此类题目时，能不能讲得慢些，让我能全部记下来。另外，为保证没有记错或漏记答案，我可能会请您重复答案的某一部分。

有过实际调查经历的读者，可能还能为以上标准化指导添加新的内容，但这并不是重点，在调查中重要的是督促访问员有效地进行标准化指导。唯有标准化指导，才能使被访者知晓如何在标准化访问中正确扮演互动角色，减少向访问员提出违规要求的次数，进而减少出现访问员误差的机会。为了使访问员能有效地进行标准化指导，在访问员培训时，要让访问员充分了解访问规则，以及规则建立的原因。

（二）示范和承诺

除了标准化指导这种形式外，用录音或录像进行示范也是训练被访者的好方法。以录音示范为例，可以事先将一段访问的问答过程做成一盘录音带。其中，特别要注意被访者回答题目的录音，应一字一句清晰可辨，并能充分体现出被访者对于答案正确性和完整性的强烈关注。访问员在正式访问前，先向被访者播放这盘录音带，以此告诉被访者正确的访问方式。在计算机辅助个人访问中，访问员可以以录像的形式进行示范。录音录像示范具有直观、易懂和容易模仿的特点，比较容易被接受，特别是对于文化程度不太高的被访者。

无论是标准化指导还是示范，都是访问员主动作为，传递正确的访问信息，被访者则处于被动接受状态；另有一种训练策略则是让被访者主动作出承诺，同意尽量提供正确的答案。具体做法是在被访者初步同意接受访问后，访问员先示范性地问几个题目，以便被访者了解访问会涉及哪些内容；然后访问员告诉被访者，由于答案的正确性、完整性对这个研究是非常重要的，因此被访者必须作出尽可能提供正确的答案的承诺。在形式上，既可以是口头承诺，也可以让被访者签署一份书面声明。如果被访者不肯作出承诺，则结束访问。有研究表明，在初步接受访问的人中，只有很小的比例不肯作出承诺。

（三）传递访问信息

应该说访问员有意识地训练，也是一种访问信息的传递，但这传递的主要是进行正确访问的信息。与此不同，访问员的言谈举止传递的有关访问目标和规则的信息，既可能是正确的，也可能是错误的；而且在大部分情况下，访问员并没有意识到，自己的一些不良举止、言谈已经向被访者传递了一种错误的访问信息，对被访者进行了一种错误的训练。下面是访问员在访问中常见的一些错误的言行表现。

首先，如果在访问开始后，访问员与被访者闲聊一些与访问无关的话题，就会给被访者造成一种"非正式走访""泛泛了解情况"，甚至"串门拉家常"的感觉。这时被访者一般不会很认真地对待访问，大多敷衍了事、泛泛而谈。

其次，访问员如果在访问中将问题念得非常快，不注意内容的清晰性，就很可能给被访者造成这样的印象：访问员希望的是尽快完成访问，而不是获得正确、完整的答案。

最后，被访者有时会因为不理解访问进行的方法和参与者的操作规则，而向访问员提出一些违反访问规则的要求，这通常会使访问员感到很尴尬。有些访问员为了获取被访者的合作，会变更标准化访问规则，来顺应被访者。

第三节　访问员的挑选

无论是当面访问，还是电话访问，都是由访问员来执行的。因此，找不到合适的访问员，访问只能是纸上谈兵。对于标准化访问而言，除了一些基本条件外，对访问员并没有太多的特殊要求。但是，访问员的一些个人特征，还是会或多或少地影响到调查结果的质量，特别是在有特殊的调查内容时，影响会更大些。下面是一些访问员应满足的基本条件，同时还将讨论访问员的人口学特征对调查过程的影响，最后将指出一些对调查结果有显著影响的情形。

一、访问员的基本条件

访问员的基本条件是指调查访问工作对访问员的一些基本要求，概括起来有以下几点：

首先，访问员应具备良好的读写能力和文字理解能力。从目前调查机构招募访问员的条件看，一般会要求访问员具有高中或大专以上文化程度。根据以往的经验，具有大专学习经历的访问员是较为理想的选择。不过应当指出，对访问员的文化程度与调查资料质量之间的相关性尚无系统的研究。

其次，访问员最好是兼职人员。客观地说，让具有大专以上文化程度的人员全职地担任访问员是不太现实的。一个原因是访问员的收入同具有大专以上文化程度人员的平均收入水平相比，只能说处于中等偏低水准；另一个原因是访问工作是比较机械、单调的，而且探寻被访者的工作劳动强度很大。所以，此项工作很难吸引一批长久的全职人员，大多数调查机构的访问人员处于较高的流动状态。

最后，访问员必须有弹性的工作时间。无论是入户访问还是电话访问，调查的实施都得满足被访者的时间安排。虽然晚间或周末是进行访问的理想时间段，但也绝不排除被访者会有在其他时间安排访问的要求。一旦访问员在时间上无法满足，就有可能失去访问该被访者的机会。如果这种情况出现很多次，就必然会使样本出现系统偏差。

应该说除非某项调查有特殊的目标，需要招募具有特别资格的人员，否则以上所列出的条件，已经足以使访问员有良好的表现。除此之外，并不需要其他必要条件来促使访问员表现得更好，或搜集到质量更高的资料。从国外招募访问员的经验看，那些只需花部分时间来照顾孩子、具有大专文化程度的中年女性，经常成为访问员的理想人选。而从目前国内对访问员的选择看，比较多的是招募大专院校的学生，也有招募退休的中小学教师和机关办事人员的情况。

二、人口学特征的影响

所谓访问员的人口学特征主要包括年龄、性别、民族和教育水平等，在标准化访问中，这些特征对访问过程、调查资料的影响越小越好。对于那些满足基本条件的访问员来说，以往的调查表明，人口学特征对他们执行标准化问答程序的能力并无明显的影响。而且在一般情况下，在人口学特征与被访者答案之间也没有发现什么相关性。值得一提的是，在民族地区进行调查，被访者的民族背景可能会影响答案的准确性。这时如果能使用与被访者民族背景相同的访问员，便可以降低答案的测量偏差。

访问员的人口学特征通常会对被访者与访问员之间的关系产生影响，即具有某些人口学特征可能会使访问员更容易被接受，或更容易与被访者维持互动关系。从受教育水平对建立人际关系的影响看，人们通常更喜欢与具有相同或更高受教育水平的人互动。

根据以往的调查经验，访问员比较喜欢拜访受教育水平较高的被访者。当面对中学毕业和大学毕业的被访者时，在访谈结束后，访问员通常更愿意与后者闲聊一会儿；而当被访者的受教育水平低于访问员时，被访者更希望访谈过程具有一种非正式互动的氛围。由此可见，如果访问员的受教育水平高于被访者，则访问员更有可能以任务取向与被访者发生互动关系，这种取向有利于标准化访问的执行。也就是说，在对受教育水平较低的被访者进行访问时，应尽可能招募比被访者受教育水平高的访问员。

另外，如果访问员年龄较大，就很可能使他与被访者之间的人际关系产生社会距离，从而使得二者之间的互动流于形式。例如，被访者在面对较年长的访问员时，极有可能会根据社会规范修正自己的答案，而将自己真实的想法隐瞒起来，于是年龄较大的访问员就只能得到比较规范性的答案，或者说年长者想要听到的那种答案。相反，被访者在面对二十几岁的年轻访问员时，可能会如实地回答题目。

无论是直接感受还是经验都表明，女性访问员更容易与被访者建立起互动关系，得到被访者较高的评价。不过并没有证据显示女性访问员搜集到的资料比男性访问员的更准确，也就是说除了从拒访率考虑以外，不应过高地估计性别特征对调查的影响。总之，除了对人际关系的考虑外，不要过高地估计人口学特征的影响，特别是不要为了使访问员与被访者具有相似的人口学特征，去选择那些不太满足基本条件的访问员。

三、其他因素的影响

以上关于挑选访问员的基本条件的分析，并没有强调访问员应具备一定的调查经验。那么调查经验是否应成为访问员的一项基本条件呢？答案是否定的。调查经验是通过多次调查积累的，无疑有助于访问员更方便地与被访者建立起关系，但在进一步的访问中，这些经验未必会对调查资料的质量产生正面的影响。因为，调查经验会使得访问员的感觉变得"迟钝"起来，比较容易疏忽访问中出现的各种特殊情况，这样就会降低调查资料的质量。

除有关调查经验的质疑外，另一个经常会被提及的问题是访问员是否应该在与调查主题相关的专业领域接受过特别的培训。这个问题通常会在调查某些专业人员时被提出。例如，对律师进行调查是否一定要挑选法律专业的学生，对医护人员进行调查是否一定要挑选护士学校或医学院的学生。同样,是否需要有护士以上资格的人来担任健康访问的访问员。

要想回答以上问题,需要先分清以下两个事实:一是有效地征得被访者的合作意愿,二是有效地执行访问过程。在调查访问中,这两件事是不同的,那些具有专业背景的访问员往往比较容易得到同行们的合作,因此会有较高的访问成功率。例如,当一个具有法律经验的访问员进行有关犯罪主题的调查访问时,警务人员往往是比较愿意配合的。但是,并没有什么证据证明访问员的特殊专业背景会对标准化访问过程、调查资料的质量产生什么特别的影响。其实,那些符合条件的访问员,有或没有特殊的专业背景,受过或没受过特殊的专业培训,其表现和获得的调查资料没有什么差别。而且,有时没有特殊专业背景或未受过特殊专业培训的访问员,反而能更好地完成标准化调查访谈任务。因为,那些具有与调查主题相关的专业背景或受过专业培训的访问员,由于对调查主题有一定的了解,所以经常不去追问那些模糊不清的答案。例如,具有医学专业背景的学生在进行健康访问时,就可能会在被访者并没有完全回答清楚题目时,凭自己的感觉认为自己已经知道了被访者的意思,即将自己熟悉的错认为就是被访者的意思。不仅如此,这样的访问员有时还会对被访者进行诱导性的追问。因为,当他们认为被访者的回答不清楚的时候,会违反访问员手册对相关内容的规定,凭借自己的专业知识对题目做过多的诠释。而一个普通的访问员,由于没有专业背景先入为主的局限,反而可以进行非引导性的追问,直到被访者弄清题目、回答清楚为止。

以上分析表明,在标准化的问卷访问中,访问员并非一定要具备专业背景。但是,如果在调查中还希望对被访者进行观察和评估,就应该挑选那些具有一定专业背景的访问员。因为对被访者进行观察,特别是作出评估,往往需要访问员进行主观判断,没有专业背景知识支持的一般访问员很难胜任。例如,在健康调查中,如果除了问卷访谈外,还要求访问员对被访者的健康状况进行观察和评估,就需要访问员具备一定的专业背景,这时医学院校的学生就成了访问员的理想人选。当然,如果进行的是结构化的标准化观察,就没有太多的理由要求访问员具有特殊专业背景。关键是要设计出任何合格的访问员都能胜任的观察程序。

综上所述,在标准化访问中,最好选择标准化的访问员;对访问员提出特殊的资格要求,可能反而对调查资料的质量产生负面影响。除了上面提及的基本条件外,标准化访问员的形成,主要依靠对访问员的培训和督导。

第七章　数据处理

第一节　资料检查与校订

在对资料进行编码和录入之前，需要先对资料进行检查和校订。资料检查的目的是看看资料是否完整、准确和真实。而校订则是对初步检查合格的问卷，做更细致的查验，以找出不合格答案，并作出相应处理。

一、资料检查

资料检查是指对调查得到的原始资料质量的审查与核实，目的是确定哪些资料可以接受，哪些资料要剔除掉。它主要通过对回收问卷的完整性、准确性和真实性的检查来实现。

（一）检查问卷

在实践中，对回收问卷的完整性和准确性检查，一般在资料搜集过程中就由调查督导员开始执行。不仅如此，在资料搜集结束后，研究者还要对回收的问卷集中进行独立的检查，委托调查更是如此。无论是在调查资料搜集过程中，还是在资料搜集结束后，对回收问卷的检查都要做到对每一份回收问卷的每一个项目逐一检查。

资料的完整性主要通过问卷填答的完整程度反映出来，如果在回收的问卷中发现了以下问卷填答不全的情况，就说明资料是不完整的：

（1）问卷的某一页或某几页漏填了；

（2）问卷中的一个或多个问题没有填答。

在实际操作中，特别是在有开放题的情况下，研究者要对问卷填答的完整程度作出一些规定，使检查人员明确问卷填答到什么程度算是完整的。例如，在调查职业时，就要规定不仅要问职业名称，而且要具体说明该职业的所属行业，以及该职业所从事的工作的具体操作方式；此外还应对可接受的数据缺失情况作出规定，具体说明哪些数据的缺失是可以接受的；等等。

资料的准确性主要依赖于访问实施的准确程度，即访问员（或被访者）是否按要求实施了访问，答案是否按要求做了记录。如果回收的问卷中出现了以下情况，就表明访问没有严格按要求实施，相应的问卷资料也是不准确的：

（1）问卷是由不符合要求的被访者回答的。

（2）问卷记录的访问日期在调查规定的截止日期以后。

（3）问卷记录的答案有错误，例如，没按照规定跳题，单项选择题选了多个答案，等等。

对检查出来的有问题的问卷，基本处理原则是能纠正就纠正，无法纠正的当作废卷处理。在实践中，如果是在资料搜集上查验出了问题，就要找到该访问员核查，让访问员对漏答情况给出解释，并对错误的回答记录作出相应判断。在条件允许时，可以要求访问员通过重新访问纠正失误。在由研究者自行进行的检查中，如果废卷数量影响到样本的代表性，就需要按相同的概率抽样原则重新选择一些被访者，进行补充调查。

（二）回访

资料真实性检查与前两项检查略有差异，它一般是在资料搜集结束后，由熟悉访问员情况的分区（组）督导员或专门训练的复查员通过随机抽取 5%~15% 已访问过的被访者进行回访来实现的。对被访者的回访既可以采用打电话的方式，也可以通过邮寄回访问卷的方式进行。复查的内容主要是确认访问员是否按规定访问了指定的被访者，以及访问员在访问中是否有违规操作行为。复查应该是标准化的，要有"复查问卷"和格式统一的复查记录表。复查问卷应包括以下一些内容：

（1）复查对象的原问卷编号；

（2）复查的次数及时间记录；

（3）确认访问员是否来访过；

（4）确认访问员是否访问了指定的被访者；

（5）（如果赠送礼品）确认访问员是否已送出礼品；

（6）复查对象对访问员访问态度的评价；

（7）从原问卷中挑选一些较敏感、较难回答或事实性的题目，回访复查对象，以此检验访问员是否有违规操作行为。

根据复查结果，研究者就能通过访问员的行为对问卷的真实性作出判断。如果访问员在操作上正确无误，则问卷资料是真实可信的。如果访问员有违规或舞弊行为，就要考虑将他们的问卷作为废卷处理，以免影响数据质量。

在实际访问中，访问员的违规或舞弊行为主要表现为以下几类：

首先，没有按规定访问指定的被访者。在大多数情况下，这可能是由访问员没有认真确认被访者的身份造成的；也有访问员为了降低寻找被访者的难度，任意用样本以外的其他人更换指定被访者，这就属于舞弊行为。非指定被访者回答的问卷，会产生系统误差，使得样本失去代表性。

其次，用电话访问或邮寄代替面访。采用面访大多是因为调查内容比较复杂，难以通过电话访问或邮寄的方式来实现，故面访中访问员是无权更改调查方式的。一旦此类情况发生，问卷的标准化程度会出现偏差，从而降低资料的可比性。

再次，故意漏问某些较敏感或较难问的题目。访问员可能为了方便，故意遗漏一些敏感或较难的题目；同时在问卷上记载一些编造的理由。这种作弊行为很难在完整性检查中被查出，它的存在会影响资料的内在效度。

最后，自己填答问卷。有些访问员不进行任何访问，自己任意填答问卷。对于此类欺诈行为一定要予以严惩，不仅要将回访中发现的那些问卷作废，而且要将该访问员所有已完成的问卷作为废卷处理。如果是在调查中发现此类行为，要立即中止该访问员的资格。

二、资料校订

为了提高问卷质量，对那些经过初步检查的问卷，还要进行校订工作，即从问卷中找出那些错误或令人不满意的答案，并对之进行相应的处理。与资料的检查类似，校订工作最好也能在调查实施中由督导员同步进行，因为这有利于在调查现场修正答案，特别是在调查区域较大时更是如此。根据以往的经验，以下问题是在校订过程中经常遇到的。

首先，访问员没问某些问题，或没记录某些问题的答案。例如，访问员通常不问被访者的性别，而且很可能不记录被访者的性别。其次，访问员的记录字迹不清。例如，调查涉及较多的开放题，访问员为了加快记录速度，字迹就会比较潦草。再次，记录的答案模棱两可或含义不清楚。例如，访问员经常会忘了记录中临时编造的缩写字词的确切意思，还经常会出现单项选择题选了多个答案的情况。最后，访问员在规定跳题的地方没跳，或在不该跳题的地方跳了。

校订人员遇到以上情况，除要对其进行必要的标记，使之区别于问卷的正常记录方式外，还要对这些不合格问卷进行处理。只要条件允许，首选的处理方案是将不合格问卷退回给调查执行人员（访问员或督导员），让访问员再次去回访被访者，对问卷进行修正，以获得较好的数据。如果无法退回调查现场，可以将少量不符合要求的、不太关键的答案按缺失值来处理；不过如果不符合要求的答案代表的是很关键的变量，或者不符合要求的答案在一份问卷中占的比例很大，就只能将这份问卷当作废卷处理了。

需要强调的是，合格问卷与不合格问卷之间通常存在一定差别，如果按缺失值处理的问卷或按废卷处理的问卷所占比例较大（大于10%），就有可能使数据出现偏差。所以，研究者需要在报告中对处理缺失值和废卷的方法与数量作出相应的说明。

第二节　资料编码

资料校订完成后，下一步的工作是将资料转换成记录在磁带或磁盘上的数据文件。建立数据文件的第一步是对资料进行编码。编码的目的在于给被访者的每一种回答，分配一个计算机软件能够识别的代码，从而使得对被访者回答的统计分析能用计算机来完成。资料编码需要注意以下几点：编码的一般原则、开放题的事后编码技术、编码手册的编制和封闭题的编码技术。

一、编码的一般规则

资料编码在原则上是给被访者对一个问题的回答，分配一个相对应的计算机软件能够识别的代码，这个代码就是代表该项回答内容的编码。在绝大多数情况下，编码采用数字作为代码。但对于一些特殊答案，研究人员偶尔也采用字母作为代码。

就具体的编码方式而言，研究者可以在问卷设计时事先赋予被访者所可能回答的选项一个代码，编码时只要逐一记录被访者回答的选项的代码即可，这种与问卷设计同步进行的编码形式被称为事前编码或预编码。封闭式问题通常采取事前编码的方式。为了提高录入和查错时的工作效率，事前编码还可以在问卷上预留记录被访者回答的选项的代码值的位置。这种预留的编码位置常常在问卷的最右边，并用竖线与问题部分隔开。此种编码记录格式被称为边缘编码。

研究者也可以在访问结束后，再逐一就被访者的回答进行编码的工作，这种编码方式被称为事后编码。开放式问题和封闭式问题中的"其他"选项，通常采取事后编码。需要说明的是，采取事前编码或事后编码并没有固定的顺序与要求，研究者必须依照自身研究的时间与进度而定。

除确定编码方式外，以下几项要点也是在编码时特别需要注意的。

首先，在编码的过程中，除要对被访者每一个回答的选项进行编码外，还需对问卷编号、访问员编号等相关内容按统一标准进行编码。这样做可以为查找问卷错误提供极大的便利。

其次，如果被访者的回答内容本身就是一些数字资料，如被访者的年龄、收入等，在编码时应尽可能保留原来资料的面貌，以使资料的使用者有更大的空间自己把资料处理成所需要的变量类型。

最后，对于"不确定""不知道""其他"这样的特殊选项，在编码设计时要使用固定的代码，如"98""998"等，并且最好在整份问卷中完全一致。此类代码前后一致性程度越高，录入时出错的可能性就越小。这样做还有另一个好处，那就是有时答案中并没有"不知道"这个选项。但一些被访者经常会固执地坚持说"不知道"，这时固定的代码值便可备不时之需了。

二、开放题的事后编码技术

第一，开放式问题和封闭式问题中的"其他"选项。由于是被访者用自己的话来回答的，故答案的范围无法事先预知，一般采取事后编码。在事后编码中，编码员首先要对已出现的各种答案进行分类，即分析每一个答案，将相类似的归并为一类。这时编码员经常处于一种两难的境地：如果给每一个与已确定代码的答案不太相似的新答案一个新代码，那么答案类别和代码可能比预料的要多得多，可能有的代码只对应一两个被访者；反过来，分类工作做得较粗，将一些相似程度不高的答案也归成一类，就有可能忽略了答案的不同含义，而答案的这些不同含义又恰恰是研究者所需要的。因此，在事后编码正式开始前，研究者应该针对每一个需要事后编码的项目给出一份代码指南。

第二，代码指南的编制要在设计问卷时就开始，在小组讨论、深度访谈和试调查过程中，研究者要有意识地摘要记录每个不同的答案，将所有不同的答案做成分类表，并给每个答案建立草拟的代码，从而形成初步的代码指南。

第三，编码时，研究者在为编码员提供每一个编码项目的代码指南的同时，还应该附上几张单页编码纸，将需要编码的项目的名称和誊写答案的位置清楚地标在每页的顶端。这样做是因为实际调查的情况千变万化，究竟会出现多少新的答案事先是无从知晓的，需要准备一定的空间来添加新答案的代码。不过编码员为新的答案类别添加的新代码最终是否纳入编码系统，要由研究者与编码员通过讨论来决定。

第四，对于某个分类含义不十分清晰的答案，究竟是将其合并到已有的类别中去，还是设立一个新代码呢？一般而言，有经验的编码员通常会选择后一种策略，因为在后续的分析中，很容易通过计算机实现代码之间的合并；可反过来，要计算机把已经合并的类别再拆开是不可能的，此时唯一的办法只能是参考原始资料，并重新编码。

第五，对于事后编码来说，如果有两个或多个编码员参与编码工作，那么他们要么在不同的时间进行编码，要么同时在同一地点，依照同一编码手册进行编码。如果两个或多个编码员同时在不同地点进行编码，他们就无法知道其他编码员新增设的代码。这样很可能会出现同一个代码对应两个不同的答案的情况，从而引起严重的数据错误。所以，不允许编码员在分隔的地点，依照不同的编码手册独立地编码，对此应作为一条编码纪律加以强调。

三、编码手册的编制

在对资料进行编码时，必须事先制订详尽的计划和明确的规则，通常需要编制一份编码手册，用来记载资料数量化的所有格式、内容，以及使用计算机资料的具体步骤。事前编码和事后编码所用的编码手册最后将合并为一个编码手册。

首先，编码手册最直接的作用是提供一套标准化的编码作业程序。由于问卷调查的样本规模一般都是成百上千，一份问卷又有几十至上百个问项，故编码作业是由许多人共同完成的。在此情况下，避免发生编码错误的唯一办法，就是大家都按编码手册规定的流程进行作业。

其次，编码手册还是编码作业的一份操作档案。由于搜集到的资料千变万化，极有可能遭遇事先未考虑到的情况，编码人员对此采用的处理策略，在经过与研究人员讨论并得到认可后，便可补充到编码手册中。

最后，编码手册还是数据分析人员了解数据文件的指南。因为编码手册除了能使所有编码的参与人员便捷地理解资料的内容与格式外，也能让资料分析人员，特别是对进行数据二次分析的研究者方便地认识、理解数据所包含的各个变量。表 7-1 是编码手册的一个示例。

表 7-1　编码手册示例

栏位	问卷题号	变量编号	变量名称	变量标签	变量数值	变量数值标签	缺失值
1~3	A1	1	ID	被访者编号	000~999		
4	A2	2	GENDER	性别	1	男	9
					2	女	
5~6	A3	3	YOB	出生年份	00~99		99
7	A4	4	EDU	教育背景	1	初中或以下	9
					2	高中	
					3	大专	
					4	大学	
					5	研究生或以上	
……	……		…	……	…	……	……
37~40	B1	12	OCCUPA	职业	文字		
41~44	B2	13	YR	资历(月)	0.0~99.9		99
45~48	B3	14	SALARY	月薪（千）	00.0~99.9		999
……	…		……	……	……	…	
66	C1	36	HOUSE	住房情况	1	租房	9
					2	自己的房	
					3	其他	
67~50	C2	37	HAREA1	住房建筑面积（平方米）	00.0~99.9		99
51~54		38	HAREA2	住房使用面积（平方米）	00.0~99.9		99
……	……		……	……	……	……	……

从内容看，表 7-1 大体可被划分为以下四个组成部分。

一是与编号有关的内容，包括栏位、问卷题号、变量编号。栏位表明的是某个变量在数据文件中列的位置。当采用纯文本格式录入数据时，栏位是一项必不可少的内容；问卷题号是问卷中每个问题的原始编号；变量编号是变量在编码手册中从头至尾连续排列的一个顺序号。变量编号的顺序应与问卷题号的排列顺序相同，但它与问卷题号并不完全一一对应。因为调查问卷经常被划分为几个部分，故问卷题号既有每部分的序号，也有每个问题在各部分中的序号，示例中大写字母 A、B、C……就是各部分的序号。

二是与变量编码有关的内容，包括变量名称和变量标签。变量名称是问卷中实际测量的一个变量，在多数情况下，一个变量名称与一个问卷题号相对应，但有时一个问卷问题可能包含数个变量，示例中问卷问题 C2 就包含了 HAREA1、HAREA2 两个变量。变量名称应符合问卷的问题内容，这样使用者便可以方便地通过变量名称了解到问题内容了。变量名称最好使用英文字母，这样可以使数据文件适用于更多的统计软件。变量标签是关于变量意义的简要说明。

三是与变量数值编码有关的内容，包括变量数值和变量数值标签。变量数值的编码是编码手册中最重要的内容，在这一栏中，研究者应详细地标明每个问题的答案的代码值。变量数值大体上可分为纯数值、文字和类别几种形式。示例中的 ID（被访者编号）、YOB（出生年份）和 YR（资历）等变量的数值都是纯数字，OCCUPA（职业）变量的数值是文字，而 GENDER（性别）和 EDU（教育背景）等变量的数值则是类别。

四是与缺失值有关的编码内容。产生缺失值的原因不止一个，因此在编码时应采用不同的代码。最常见的缺失情况是单纯由于没回答而产生的空白答案，习惯上可使用特定数值来代表缺失情况，示例中使用的是 9、99、999。其次，当被访者的回答超出了编码手册规定的变量数值范围时，研究者也应该用特定数值来代表这些资料，将它们作为缺失值来处理。对那些被访者明确表示拒绝回答、被访者"不知道"和答案不适用于被访者的题目，编码时也应设定特别的数值来代表此种缺失情况。

四、封闭题的编码技术

（一）单选题的编码

单选题需要从所提供的多项答案中选择一项。因此，除去漏填的情况，每一个被测量的变量都会对应一个唯一的观测值。以"性别"为例：

您的性别是：

（1）男　（2）女

上例中测量的变量为"GENDER"，有两个取值，取值1为男性，2为女性。

（二）多选题的编码

在调查研究中，研究者经常要求被访者针对某一问题在多个答案选项中选择几项。如下列用来了解被访者搜集就业信息渠道的题目：

您一般通过下列哪些渠道搜集就业信息？（限选2项）

1.就业广告　　　2.职业介绍所　　　3.招工单位/公司/部门

4.政府劳动部门　5.其他各类组织　　6.各类社会关系

7.其他（请说明）

这个问题在实际回答过程中被分解为两个步骤：第一，选择第一项就业信息渠道；第二，选择第二项就业信息渠道。于是，这道题被分解成两个子问题。

（1）第一次选择的一项收集就业信息的渠道是？

（2）第二次选择的一项收集就业信息的渠道是？

（1）的答案是在就业广告、职业介绍所、招工单位/公司/部门、政府劳动部门、其他各类组织、各类社会关系、其他（请说明）中选择其一；（2）的答案则是在去除（1）的答案后在剩下的6项答案中选择其一。由于应答者在选择的操作中是由自己的大脑排除（1）已选择的答案的，我们并不确定他会排除哪一个答案。因此，在实际编码中，会将两个问题的答案编码均设定为7项，即"1.就业广告，2.职业介绍所，3.招工单位/公司/部门，4.政府劳动部门，5.其他各类组织，6.各类社会关系，7.其他（请说明）"。呈现在数据文件中则显示见表7-2：

表 7-2　多选题的答案编码

ID	Q8.2a	Q8.2b
1	1	4
2	2	-3
3	1	2

（三）复选题的编码

复选题则是在多个选项中可任选一个或多个答案。这种题目的编码与上文的多选题不同。同样以就业信息收集渠道为例：

您一般通过下列哪些渠道搜集就业信息？（可选多项）

1.就业广告　　　　2.职业介绍所　　　　3.招工单位/公司/部门

4.政府劳动部门　　5. 其他各类组织　　　6.各类社会关系

7.其他（请说明）

在编码中，一个具有 k 个答案选项的复选题，并不是只对应一个变量，而是编码成 k 个变量，即题目中的每一个答案选项，都被设定为一个（0-1）新的二分复选变量：1_1、1_2、1-3、1_4、1_5、1_6 和 1_7。如果该答案选项没有被选中，则复选变量取值为 0，答案选项被选中则取值为 1。表 7-3 是根据 3 个被访者对上例的回答，编码输入计算机后形成的数据文件的片段；GENDER 为性别变量，取值 1 为男性，2 为女性。

表 7-3　复选题的答案编码

ID	GENDER	Q8.3_1	Q8.3_2	Q8.3_3	Q8.3_4	Q8.3_5	Q8.3_6	Q8.3_7
1	1	0	0	0	1	1	0	1
2	2	0	1	1	0	0	1	0
3	1	1	0	0	1	0	0	0

当 7 个复选变量被输入计算机后，研究者可利用统计软件（如 SPSS）对复选变量进行一般的描述统计，结果如表 7-4 所示：

表 7-4 复选题分析描述统计结果

变量名	变量标签	个数	最小值	最大值	平均数	标准差
Q8.3_1	就业广告	162	0	1	0.3827	0.4876
Q8.3_2	职业介绍所	162	0	1	0.0617	0.2414
Q8.3_3	招工单位/公司/部门	162	0	1	0.1481	0.3563
Q8.3_4	政府劳动部门	162	0	1	0.5741	0.4960
Q8.3_5	其他各类组织	162	0	1	0.0370	0.1894
Q8.3_6	各类社会关系	162	0	1	0.6358	0.4827
Q8.3_7	其他（请说明）	162	0	1	0.2346	0.4239

由表 7-4 可以看到，样本规模为 162。每一个复选变量的最小值为 0，最大值为 1，表示每一个答案选项均为二分变量。平均数代表该答案选项被选取次数的平均值，数值越接近 1，表示选取该答案选项的被访者越多。1 表示所有被访者都选了该选项，0.5 表示有一半的被访者选了该选项。

研究者还可以进一步进行频数统计，了解每一个复选变量被选中的次数，结果如表 7-5 所示：

表 7-5 11 就业广告

		次数	百分比(%)	有效百分比(%)	累积百分比(%)
有效的	0	100	61.7	61.7	61.7
	1	62	38.3	38.3	100.0
	总和	162	100.0	100.0	

频数统计表明，被访者表示通过就业广告渠道获得就业信息的有 62 人，占 38.3%。类似的，还可以对其他信息渠道进行频数统计。除以上基本统计分析外，研究者还可利用统计软件提供的特殊统计分析指令，对复选变量进行统计分析。例如，SPSS 就提供了专门的复选题分析指令来进行频数和交互分析，具体的分析方法与实例，可参见有关的 SPSS 分析书籍。

（四）排序题的编码

除了复选题之外，另一种常用的特殊题型为排序题，以上述搜集就业信息渠道的研究为例，研究者若要求被访者从 7 种就业信息渠道中选出最常用的 3 种，并依重要顺序排列，则成为一种排序题，例如：

请在下列各种提供就业信息渠道的选项中，选出三种您最常使用的，并依程度标出 1、2、3 的次序（1 为最常使用者）

    1.就业广告　　　　2.职业介绍所　　　　3.招工单位/公司/部门

    4.政府劳动部门　　5.其他各类组织　　　6.各类社会关系

    7.其他（请说明）

由于要求被访者从 7 个答案选项中选择的答案不止一个，所以具有复选题的特性。与此同时，又由于要求被访者将选项排出顺序，故每一个被选中的答案选项，其排序位置有 1、2、3 三种可能。这样在实际编码和统计分析中，排序题与复选题有相似之处，但排序题会显得更复杂些。

与前述的复选题类似，本题虽然是"1 个"询问被访者最常使用的搜集就业信息渠道的题目，但是由于答案选项有 7 个，被访者要进行 7 次判断才能够完成本题，因此本题也同样要用 7 个变量来处理。在编码手册中，应将本题编写成 7 个不同的变量。

本题与复选题不同的是，每个答案选项的取值不是两个（0-1），而是四种可能（0、1、2、3），其中 0 代表该选项没有被选中，1、2、3 则分别代表被指定为第一位、第二位和第三位。不难看出，排序题与复选题最大的不同就是变量的取值不一样，如果只要求复选，不要求排序，则每一个选项只有被选中或没有被选中两种可能，被选中时编码为 1，没有被选中时编码为 0，因此是一个二分变量；但如果不仅要求复选，而且要求排序，则每一个选项被选中的状况就不止一种，而会形成顺序变量。例如，在本题中，每一个选项是一个 1 至 3 的顺序变量，没有被选中时应编码为 0。表 7-6 是根据 5 位被访者对上例的回答，编码输入计算机后形成的数据文件的片段。

表 7-6　排序题的答案编码

ID	GENDER	Q8.4_1	Q8.4_2	Q8.4_3	Q8.4_4	Q8.4_5	Q8.4_6	Q8.4_7
1	2	0	0	1	0	2	0	3
2	2	0	0	1	0	2	0	3
3	1	0	0	2	0	0	3	1
4	2	0	0	2	0	1	3	0
5	1	0	0	3	0	0	1	2

从上表我们可以看到，每一位被访者都指出了三个最常用的就业信息渠道，第一位被访者最常使用的就业信息渠道是招工单位/公司/部门，因为复选变量 1 和 3 取值为 1，次常用的是其他各类组织，第三位是其他。第二位受测者也指出招工单位/公司/部门是他最常用的渠道，因此 1 和 3 取值又是 1。对于以上数据文件，既可以利用基本统计分析指令进行分析，也可以使用专门的复选题分析指令，来进行频率和交互分析。

五、问卷编码中的其他问题

在问卷实际调查中，会出现漏答、错答或无效的情况，这就涉及缺失值的处理。通常在 SPSS 软件中，缺失值被分为用户缺失值和系统缺失值。用户缺失值指在问卷调查中，把被试不回答的一些选项当作缺失值来处理。用户缺失值的编码一般用研究者自己能够识别的数字来表示，如"9""99""999"等。系统缺失值主要指计算机默认的缺失方式，如果在输入数据时空缺了某些数据或输入了非法的字符，计算机就把其界定为缺失值，这时的数据标记为"？"。在一般情况下，定义缺失值后的变量可以进行描述统计、相关分析等统计分析。但是，缺失值的出现往往会给统计分析带来一些麻烦和误差，尤其在时间序列分析中更是如此。数据的缺失可能会造成数据统计结果的偏差，特别是对于样本量不大的资料来说，数据缺失量较大时甚至会影响到最终结论的给出。所以，对数据缺失值进行补充是有一定必要的。一般说来，对缺失值的处理可采用替代法，以变量中的所有数据的平均数为替代值；另一种方法是剔除法，即剔除有缺失值的题目，或剔除有缺失值的整份问卷。但在样本量较小的调查中，后一种做法可能会影响到最后的分析结果。

关于相依问题的编码处理方式类似于多选题的编码方式，对被访者来说，不适合回答的题目的处理同缺失值的处理。例如：

1.您的户口是否迁移过？

（1）是　（2）否（跳至第3题）

2.您最近一次户口迁移是在哪一年？

3.您户口的性质是否发生过变动？

（1）是　（2）否

这三道题的编码见表7-7：

表7-7　编码表

变量编号	变量名称	变量标签	变量数值	变量数值标签	缺失值
1	HKQY	户口迁移	1 2	是 否	9
2	YEAR	户口迁移年份	数字 9	不适合	9999
3	XZBD	户口性质变动	1 2	是 否	9

第三节　数据录入与整理

在资料编码完成后，就可以进行数据的计算机录入和数据文件的整理工作了。数据录入是将问卷资料所对应的代码扫描或用键盘直接输入计算机磁盘，建立起数据文件，而数据文件整理包括数据清理和缺失值的处理。前者是利用统计软件查找数据错误；后者则是通过分析，有效地对缺失值予以补救。

一、决定录入方式和软件

（一）录入方式

数据录入目前大致采用三种方式进行：人工输入、计算机辅助系统转换和光电输入。

1.人工输入

人工输入是以人工打字的方式，直接将问卷或登录表上编码的数据逐一输入计算机。这种方法的优点是对录入设备没有特殊的要求，只要有普通的个人电脑就可以实现录入。它的缺点是很容易产生打错、移位和错位等人为错误，而且一旦出错，就需要查验原始问卷，纠错难度较大；再有，与其他录入方式相比，它的录入速度较低，录入人员的劳务报酬较高。

在进行人工输入时，既可以直接将问卷上编好码的数据（通常是边缘编码）输入计算机，也可以把问卷上编好码的数据先誊写到登录表上，然后再根据登录表将数据输入计算机。登录表横栏的首行一般记录变量名，第二行记录变量的栏位；纵栏的首列记录每个个案的序号；从第三行、第二列开始记录每个个案的编码数据。由问卷直接输入编码数据的优点是可以避免誊写到登录表可能出现的错误，节约一定的时间和经费。它的缺点是录入员需要不停地翻动问卷，降低了录入速度；而且如果问卷内容比较复杂，录入员直接从问卷上读编码数据，出错的可能性会大大增加，速度也会降低。采用登录表的优点是能提高录入速度，减少复杂问卷输入错误的发生率；缺点是多一道誊写的工作，这不仅增加了出现誊写差错的风险，还会由于制作登录表和付给登录人员劳务费而增加录入成本。

2.计算机辅助系统转换

计算机辅助系统转换是指在采用"计算机辅助面访系统"（CAPI）或"计算机辅助电访系统"（CATI）搜集资料后，将每个访问员计算机中的资料由资料处理人员统一转出的过程。此种方法的优点是节省了数据登录和输入的时间与经费，而且避免了人为出错的可能性。它的缺点是成本太高，使用 CAPI 需要为每一个访问员准备一台笔记本电脑，而使用 CATI 则需要建立起电话访问专用的计算机机房，目前这些设备的价格非常昂贵，国内采用此种方式进行调查的单位尚不多见。

3.光电输入

光电输入包括光电扫描和条形码判读两种方式。光电扫描是指将登录到专门的光学扫描纸上编好码的数据，用扫描仪器扫描到计算机中。这种方法的优点一是比人工输入方法准确，二是录入速度较快。它的缺点是将数据录入扫描纸的过程既麻烦，又容易出错。而且扫描仪对在扫描纸上的数据的记录质量要求较高——不仅纸质要好，不能折叠，对记录笔也有特殊要求（例如，要求 B2 硬度的记录笔），否则扫描时就有可能出错。

与光电扫描类似，还有一种利用条形码判读器将问卷上与答案编码相对应的条形码直接扫描进计算机中的录入方法。使用这种方法关键是要先将与问题的每一个答案相对应的编码都设置成条形码，然后在印刷问卷的同时，将条形码一并印在问卷上。录入时，先编写出相应的输入软件程序，再将选中答案的条形码逐一扫入计算机即可。这种方法既具有光电扫描方法录入快捷的优点，又避免了登录的麻烦和错误，大大提高了数据文件的准确性。它的缺点是需要设计专门的录入软件程序，还得购置专门的条形码判读器，以及需要在问卷上印刷条形码，成本相对较高。

（二）软件

数据录入除要决定录入方式外，还得决定采用何种软件来录入。计算机辅助系统转换和光电输入一般使用与设备配套的软件。而人工输入无论是直接录入，还是登录表转录，都有许多通用的软件可以选择。目前比较常见的可用来进行录入的软件包括：统计分析软件（如 SPSS、SAS 和 STATA 等）、数据库管理软件（如 dBASE、FoxBASE 和 FoxPro 等）、电子表格（如 Excel 等）和专门的录入软件（如 PCEDIT 等）。

二、人工录入的注意事项

无论采用何种录入方式、录入软件，都必须为录入工作设立一套规则及流程。从目前国内的现状看，人工录入还是最常用的方法。这种方法往往会由于问卷数量巨大而需要众多的录入员，为此应注意以下几点：

第一，在正式录入开始前，研究者必须统一规定需要录入的资料内容和数据录入格式。除了正式调查问卷的内容外，一些其他需要录入的资料也应一并录入，如调查前用来确认被访者的甄别问卷、调查后的复查问卷中的信息、复查汇总信息，等等。

在设定录入格式时，要注意数据分析对数据格式的要求，避免在数据分析时因格式不妥，发生需要重新录入的现象。对于问题较多、较复杂的问卷，最好每隔一些变量（题目）或在问卷各部分之间，设定一个"检查码"。例如，将某些栏位固定成空白或设定为特定字母，以免录入员发生栏位错误。另外，要为每一位录入员规定一个存放数据的文件名，以免发生数据混淆或数据丢失现象。

第二，要对数据录入员进行培训，绝不能假定会计算机操作的人员就懂得如何进行数据录入。训练的重点是让录入员熟悉录入软件的操作方法，最好能撰写有关录入软件的简明操作手册，其中应包括一些简单故障的排除方法，以及在数据录入过程中录入员对数据进行自查的方法。培训要特别向录入员强调数据录入的正确性对于整个调查的重要意义。

第三，数据录入中的工作要点：

（1）设计一份工作进度表，用来掌控录入工作进度，明确录入责任归属，避免重复录入，以及以此为依据计算录入员的劳务。进度表纵行可以是用来对问卷进行分组的不同调查区域（区/县、街道/乡镇、居委会等），横行则记录每一组的有效问卷数量、录入员领取问卷的时间和签名、完成录入后的时间和签名等。

（2）录入一开始就应为每个录入员提供一份有关录入内容和格式的手册。在开始录入最初几份问卷时，研究者必须在录入现场回答和解决录入中可能出现的问题。

（3）要为每个录入员提供足够的空间摆放问卷，避免已录入和未录入的问卷、不同录入员的问卷发生混淆，造成录入的遗漏或重复。

（4）每个录入员在完成被分配的问卷后，在送回问卷的同时，还应提交相应的数据文件拷贝。要安排专职人员将每个录入员提交的数据文件合并成总的数据文件。

（5）在人工录入中，除了要设置一些防止差错的方法外，最好能进行双录，即安排不同的录入员，独立地将问卷录入两次，然后进行交叉比对检查。实践证明，双录能有效地查找录入错误，提高数据质量。

三、数据清理

在数据录入完成后，就可以借助统计软件对数据进行清理工作，包括查找并清除超过范围的数值，检验数据文件的逻辑一致性。

（一）可能数值清理

可能数值清理是针对每一个变量，检查它是否有超出合理范围的数值。例如，在 1 表示男性、2 表示女性的性别变量的数值中，出现了一个数值 5，这个数值超出了性别变量的合理取值范围，可以断定是录入时出错了，因此应该根据问卷编号查找问卷中的原始记录，然后据此予以改正。可能数值清理的通常做法是用统计软件计算所有非连续变量的频数表，从中找出超出合理范围的数值。另外，还可以对连续变量进行描述性统计，计算均值、标准差、最小值、最大值等统计量，并从中发现那些大大偏离平均值的极端值。

（二）一致性清理

一致性清理涉及数据结构的检查，通常会牵涉到两个或两个以上变量。所谓逻辑不一致的数值，是指两个或两个以上变量在逻辑上彼此互斥的数值。例如，在针对某个电视栏目进行的收视率调查数据中，出现了两个从未听说过该栏目，却经常观看该栏目的被访者，其原因是逻辑不一致数值。实践中可以采用多种方法进行一致性清理，方法之一是利用列联表来查找逻辑不一致数值，表 7-8 是收视率调查的列联表检验。逻辑不一致数值的出现，很可能是由于调查中访问员的记录错误、跳题不当，也有可能是由于编码错误或录入时出现错误。如果是编码或录入错误，可根据问卷的原始记录进行修正。

表 7-8 栏目熟悉程度与收视率的交互分析

	经常观看	有时观看	很少观看	根本不观看
非常熟悉	88	67	22	5
比较熟悉	76	68	26	15
有点熟悉			85	43
听说过但完全不熟悉				312
从未听说	2			49

四、缺失值的处理

在调查研究中，无论用何种方法搜集资料，无论如何认真细致，都难免会出现数据缺失的情况。缺失值会造成样本的流失，使得研究结论产生偏差。因此，如何有效地对缺失值予以补救，成为数据处理中一个最棘手的问题。

（一）缺失值的分析

从调查过程看，每一个环节都可能出现缺失值。例如，在资料搜集中，由于被访者的疏忽，被访者的漏答或拒答；在数据录入中，由于录入员的疏忽；等等。其中，非系统性或随机性行为，如疏忽或随机性的漏答和拒答导致的缺失值，可由研究者填补或估计，所填补的数字与真实数字间的差距，对统计分析而言可以被视为一种随机变差来源，影响不大。

与此相反，非随机性行为，如被访者一致性的漏答或拒答，将会导致数据发生系统性缺失。这时，如果研究者进行填补或估计，就很容易造成一致性的高估或低估，这将对统计分析产生很大影响。系统性缺失的发生主要与问卷题目的编写有关，如题意不够明确、题目让被访者感到有威胁以致拒答、题目内容超出被访者的填答能力等。

对于系统性缺失，研究者先不要简单地对缺失值进行填补或估计，而要进行缺失分析。具体做法是，运用一个虚拟变量，将发生缺失的样本归为一类，然后与其他没发生缺失的样本进行对比。如果二者在一些重要的统计量上具有显著差异，则研究者应该修改问卷或研究设计，重新进行调查。如果没有条件修正研究过程，那么研究者应该在调查报告中，诚实地交代这一系统性缺失的发生原因和可能造成的影响。

（二）缺失的预防

由于缺失是一种比较普遍的情况，因此从研究设计开始，就应将其作为一项重点防范的误差来考虑。

首先，在编制问卷阶段，可以考虑在答案选项中，安排"其他"这种开放式选项。这样被访者如果在答案选项中找不到符合自己的情况，就可以在"其他"选项中，写出自己的答案。研究者事后可以对被访者填答的资料统一进行处理，或归入已有选项，或设置新的选项。这样处理可以减少缺失，增加样本的可使用性。除了"其他"选项外，还可以设置一些例外答案选项，如"不回答""不知道""尚未决定""不适用""漏答"等。对于这些特定的选项，应赋予特定编码值来标识，如可以用 a 代表"不回答"、b 代表"不知道"、c 代表"不适用"等。这样做的目的是对可能的缺失加以区分，在事后寻求补救的方法。

其次，在数据录入阶段，要注意保持处理各种缺失情况的方案的内在一致性。特别是对各种缺失情况的编码系统要统一，并将各种缺失情况的编码规定详细地写入编码手册中，供录入员参考。另外，数据录入员要定期开例会，对彼此处理缺失的情况进行交流，形成一致的缺失值处理策略。如果发现新的缺失情况，要及时通报研究者和其他录入员，形成一致的处理意见。对于新增的缺失值的编码规定，要及时补充进编码手册中，并注意保持互斥性原则，不要与原有的编码发生重叠。

（三）缺失值的估计

在录入中，对于一些可能导致缺失值的情况，要立即进行判断和处理。例如，当发现被访者将单选题勾选了多个答案时，就应立即与访问员或被访者联系，对答案作出修正。在对录入数据进行检查时，还会发现由于录入员的疏忽而出现的缺失值。例如，录入员忘了键入数值，对于这种情况可以对照问卷，进行补漏。再有，在问卷调查中，相似的问题可能出现多次，因此对于有些缺失值，可以通过对其他问题的答案的研究判断来进行补漏。

对于那些无法从问卷分析中找到答案，也无法与被访者取得联系的缺失值，研究者需要通过估计进行补救。常用的缺失数据估计方法有以下几种：

第一，平均值估计法。一般是用所有样本在发生缺失的变量上的平均值，来代替缺失值。例如，一个被访者没有回答其收入，那么就用整个样本的平均收入来代替。另一种更为精确的方法，被称为分层平均值估计法，是用没有回答问题的被访者所属类别的平均值来做估计值，这样不仅可以反映该题的集中情形，更能反映这个被访者所属的分层特性。例如，可以用被访者隶属的收入阶层的平均收入来代替缺失值。平均值估计法的问题是，估计值可能与被访者的真实答案有较大的偏差，而且研究者无法对这种偏差作出估计。

第二，回归估计法。一般是将缺失变量设为被预测变量，其他相关变量设为预测变量，进行回归分析。例如，家庭住房投资水平可能与家庭规模和家庭收入有关，因此利用回答了这三个问答题的被访者的数据，可能可以构造出一个回归方程。对于某个没有回答家庭住房投资水平的被访者，只要其家庭规模和家庭收入是已知的，就可以通过这个回归方程计算出其家庭住房投资水平。这种估计方法由于考虑了其他变项的共变关系，因此估计精确度得以提高。但回归分析的过程相对比较复杂，如果缺失值较多，对每一个缺失值都代入相关数据进行一次回归分析，整个过程会很烦琐耗时。另外，这种方法在很大程度上还受到变量之间关联程度的限制，当变量关联性不强时，估计的效果不好。因此，只有大样本且缺失值不多的情况才适合使用这种方法。

第三，删除缺失值。如果缺失值在数据中的比重很小，如 3%~5%，一种处理方法是删除那些有缺失值的被访者。在删除有缺失值的样本元素时，要注意两点。一是剩下的元素不能太少，否则就无法满足统计分析对样本量的要求。二是要检验删除后样本的代表性，否则一旦出现样本偏差，就会影响对总体的统计推断。特别是在调查中，有缺失值和没有缺失值的被访者之间，很可能存在一定的系统差异，因此宜慎用这种方法。

第四，排除缺失值。删除缺失值容易引起样本偏差，在实践中，研究人员经常采用一种变通方法，即将有缺失值的个案保留，仅在相应的分析中做必要的排除。经这种方法处理后的数据，将根据不同的样本量进行统计分析，这有可能产生问题。因此，采用这种方法，最好能满足以下三个条件：较大的样本量、较少的缺失值和变量之间没有高度的相关性。

研究者在选择缺失值估计方法之前，应仔细地考察各种方法的适用条件，以及可能产生的后果。如果对缺失数据进行了处理，应该在调查报告中作出必要的说明。其实，无论是何种缺失值估计方法，都不可能使数据完全恢复，特别是当出现系统性缺失或变量之间高度相关时，缺失值处理更是难上加难。因此，对缺失值最有效的处理方法，就是尽可能地减少缺失，使数据缺失保持在最低的水平。

五、加权

当研究中的指标重要程度不同时，就需要通过加权以有效地提升某些指标在计算中的重要性；而加权的权数大小，来自理论假设、某个理论定义或因子分析之类的统计技术。在统计中，对各个变量值具有权衡轻重作用的数值就被称为权数或权重。例如，教师在评价一个学生一门课程的最终成绩时，一般不只看他期末的一次成绩，而会将平时成绩与期末考试成绩综合起来考虑。假如一个学生平时课堂随堂作业的平均成绩为90分，期末成绩为80分，如果求简单平均数，则其成绩为85分，但这样就忽略了期末考试的重要性。为了避免这种情况，教师可能会给这两个成绩不同的权重，如平时成绩占30%，期末成绩占70%，这样，这个学生的最终成绩为90×0.3+80×0.7=83（分）。此外在一些体育比赛项目中，同样的完成质量，难度大的应该得分更高些，这时难度系数实际上起着权重的作用。

此外，运用复杂抽样方法获得的调查样本具有不同的备选概率、应答变异性以及关键变量与已知外部数据分布比较时的偏离。在研究中，研究者总是希望尽可能地实现样本与总体最大限度的相似。通过加权能够对样本进行调整，使其与总体数据分布相一致。在复杂调查中，会有以下四种加权方式：（1）在PPS抽样中，第一阶段比例调整的加权；（2）为不同入选概率加权；（3）对样本无应答加权；（4）降低抽样方差的事后分层加权。

参考文献

[1]巴比.社会研究方法[M].邱泽奇,译.北京:清华大学出版社,2000.

[2]风笑天.面向21世纪课程教材:现代社会调查方法[M].第二版.武汉:华中科技大学出版社,2005.

[3]福勒.调查研究方法[M].孙振东,龙黎,陈荟,译.重庆:重庆大学出版社,2004.

[4]柯惠新,丁立宏.市场调查与分析[M].北京:中国统计出版社,2000.

[5]纽曼.社会研究方法:定性和定量的取向[M].郝大海,译.北京:中国人民大学出版社,2007.

[6]柯惠新,黄京华,沈浩.调查研究中的统计分析法[M].北京:北京广播学院出版社,1992.

[7]韦尔奇,科默.公共管理中的量化方法:技术与应用:第三版 [M].郝大海,等,译.北京:中国人民大学出版社,2003.

[8]艾肯.心理问卷与调查表[M].张厚粲,译.北京:中国轻工业出版社,2002.

[9]巴比.社会学教材经典译丛:社会研究方法基础:第 10 版[M].邱泽奇,译.北京:华夏出版社,2005.

[10]风笑天,社会调查方法还是社会研究方法[J].社会学研究,1997(2):21-30.